Eberhard Gothein

Politische und religiöse Volksbewegungen vor der

Reformation

Eberhard Gothein

Politische und religiöse Volksbewegungen vor der Reformation

ISBN/EAN: 9783744621182

Hergestellt in Europa, USA, Kanada, Australien, Japan

Cover: Foto ©Suzi / pixelio.de

Weitere Bücher finden Sie auf **www.hansebooks.com**

POLITISCHE

UND

RELIGIÖSE

VOLKSBEWEGUNGEN

VOR DER REFORMATION

VON

Dr. EBERHARD GOTHEIN

DOCENT DER GESCHICHTE AN DER UNIVERSITÄT BRESLAU

BRESLAU.

VERLAG VON WILHELM KOEBNER.

1878.

Inhalts-Verzeichnis.

Mit der kurzen, glänzenden Laufbahn des burgundischen Reiches hatte für Europa eine neue Phase der Politik begonnen. Unter wilden inneren Kämpfen hatte sich der alte Lehensstaat erschöpft, der Fürstengewalt, die in seine Erbschaft eintrat, fielen unerwartet schnell alle geistigen und materiellen Kräfte der Völker zu. Staatsmänner, die sich in der geregelten Verwaltungsmaschinerie und dem Intriguenspiel italienischer Despotien geschult hatten, lehrten die Ausbeutung und Benutzung derselben; sie setzten der Politik selbst neue Ziele. Jene eigenthümlichen Ideale von persönlichem Ruhm und persönlicher Grösse, gereift unter dem Einfluss der Humanisten Italiens, belebten fortan die Phantasie der Mächtigen, allmälig entwickelte sich mit der Aussonderung einer besonderen „Classe der Gebildeten", des Publikums, die Macht der öffentlichen Meinung.

Da wurde das neue Spiel der Diplomatie schnell zur berauschenden Leidenschaft. In dem verworrenen Getriebe von Intriguen, von Verträgen, für ewige Zeiten geschlossen und nur für den Augenblick berechnet, von Bündnissen, eingegangen, um den Genossen zu erniedrigen, im Feilschen und Bieten um Hilfstruppen, Subsidien und Ehen trachtete Jeder nur für sich nach dem höchsten Gewinn, gewöhnte sich alles Andere nur als Mittel anzusehen. Auch in den Ländern deutscher Zunge drang durch alle Kreise bis zu den Halbgebildeten die Vorstellung von der Politik als einem Hazardspiel.[1]

Ein gleiches unruhiges Drängen nach Reichthum, Macht, Einfluss und Genuss ergriff auch diese, veranlasste den Satiriker zu bitterem Tadel, den Geschichtsschreiber zu tieferem Nachsinnen.[2]

---

[1] Pamphilus Gengenbach ed. Gödeke. Der welsch Fluss.
[2] Seb. Brant. Valer. Anshelm. III. p. 246 ff.

1

Unterdessen drangen nur leise Wellen der Bewegung zu dem Landvolk. Es wurde dieses das erste Opfer der neuen Zeit. Die nivellirende Thätigkeit derselben verwischte allgemach seine mannigfache Gliederung, schärfer als früher und später schieden sich die wohlhabenden und gebildeten Stände von den „armen Leuten". Dieser Mangel einer geistigen Leitung und Beherrschung, wichtiger als die an einzelnen Stellen hervortretende Verschärfung des materiellen Druckes, giebt den Volksbewegungen jener Tage ihren Charakter. Selbst wo bedeutendere Köpfe mit bestimmten Zielen und Grundsätzen auftreten, förderten sie nur ein Gemenge von alten Reminiscenzen und neuen Eindrücken zu Tage; ihr Einfluss blieb geringfügig, den grossen Massen kam es einzig auf das Austoben der Aufregung an. Zu derselben Zeit, die von Jahr zu Jahr den Fortschritt der höheren Classen verfolgen lässt, treten geistige Epidemien auf, die bis an die Grenze des bewussten Handelns streifen und den ausschweifendsten Erscheinungen der Kreuzzüge gleichkommen. Unvermuthet und planlos durchbrechen diese Zuckungen den bunten Wechsel des politischen Treibens, erinnern den Staatsmann an das Vorhandensein von Mächten, die er nicht in Rechnung gezogen, deuten auf die grossen Bewegungen, die in dem folgenden Menschenalter jenes ganze politische Leben zwar nicht beenden, aber ihm andere Richtungen und Formen geben sollten.

Dennoch waren es politische Erscheinungen, durch welche sie verursacht wurden. Auch in diesen Schichten der Bevölkerung regte sich bisweilen das politische Interesse, wich die Gleichgültigkeit einer begeisterten Theilnahme, freudiger Hoffnung und Spannung. Es waren das einzelne Jahre des Aufschwungs, ihnen folgten längere Epochen der Enttäuschung und Abspannung. Andere Pläne und Ziele nahmen Besitz von den Köpfen der Leiter und der höheren Stände; rascher wandelten hier die Ideen vorüber, das Volk aber blieb rathlos zurück. Je schwerer und seltener es in Fluss zu bringen war, um so dauernder zitterte die einmal begonnene Bewegung nach und machte sich in blinder Kraftbethätigung Luft. So trat selbst der grosse Bauernkrieg, obwohl schon unter sehr veränderten Bedingungen, erst in den Jahren der Ernüchterung nach den überschwenglichen Hoffnungen auf Karl V. ein;

den burgundischen Kriegen folgten die Bewegungen von 1476,
dem Scheitern der Reichsreformen die von 1501, deren Darstellung den Hauptzweck dieser Arbeit bilden soll.

Politisch minder interessant als die Ereignisse an der
Wende des Jahrhunderts, tragen die Geistesepidemien von
1476 hingegen den gekennzeichneten kulturgeschichtlichen
Charakter deutlicher ausgeprägt; sie werden daher zur
Deutung jener eine willkommene Hilfe sein. Sie lassen ferner
die Entstehung einzelner Momente, die später zu noch grösserem
Einfluss gelangen, erkennen. Ueberhaupt ist in dem Ver-
hältniss der realen Mächte zu einander, in den Zielen und
Massregeln der Politik eine Aehnlichkeit zwischen den
Jahren, welche dem burgundischen Kriege vorangehen, und
der Zeit der Reformen Berthold's von Mainz unverkennbar.
Zum Zweck einer thatkräftigen äusseren Politik strebte man
nach einer haltbaren inneren Organisation, welche die Kräfte
der Nation verfügbar machen sollte. Selten jedoch sind dem
Zweck die Mittel ungeschickter angepasst gewesen. Der
Schein einer überwiegenden kaiserlichen Macht, hervorgerufen durch den Glanz eines einzigen Reichstages, berauschte
die Politiker, vor allem den wohlmeinenden Legaten Franz
Piccolomini und seine Umgebung. Sie vermeinten die Principien ihrer italienischen Staatsweisheit ohne Weiteres auf
Deutschland übertragen zu können. Zum Zweck einer vorübergehenden Hilfleistung schlugen sie ein complicirtes Steuersystem vor, das klug darauf berechnet war, jedes Einkommen
zu treffen, keines vor dem andern zu belasten; einen Mechanismus, der vortrefflich war, wenn er sich auf die Voraus-
setzungen einer ausgebildeten Geldwirthschaft, einer geübten
Verwaltung und vor allem einer gleichförmigen bevormundeten
Unterthanenmasse gründete. Gern stimmten die Fürsten bei,
denn ein Zustand, wie ihn der Legat für das Reich voraussetzte, schien ihnen für ihre eigenen Staaten ebenso erstrebens-
werth [3]), wie die Befreiung von der Last und der Verantwort-
lichkeit, die ihnen das Matrikularwesen auferlegte, erwünscht
war. Adel und Städte hingegen erhoben lauten Widerspruch,

---

*) Bis zu welchem Grade bevormundender Fürsorge schon damals die
Fürsten gingen, wo ihnen ständische Institutionen nicht die Hände banden,
zeigt am besten Albrecht Achill. 5 b merkisb. Buch ed. Burkhardt, ebenso
die sächsischen Landesordnungen.

4

und nicht allein aus eigennützigen Absichten. Die Darlegungen der Städte[4]) zeichnen sich durch mustergültige Schärfe und praktische geschäftliche Erfahrung aus, aber nach alter Sitte blieb man beim Verneinen stehen und überliess es den Höheren, bessere Vorschläge zu machen; der Adel, der sich doch mehr von dem blossen Gefühl der Undurchführbarkeit als von bestimmter Einsicht leiten liess, sprach hingegen seine Meinung dahin aus: wenn man vom Volk Geld erlangen wolle, möge man es durch Predigen und Ablass zusammenbringen.[5]) Religiöse Aufregung erschien also noch immer als das sicherste Mittel, die Massen zur Theilnahme und Thätigkeit fortzureissen. Die nächste Zeit schien allerdings einer solchen Ansicht Unrecht zu geben, als ein grosses dringendes Bedürfnis politisches Interesse und Verständnis bis in die untersten Schichten des Volks verbreitete. Dem Scheitern der Regensburger Entwürfe folgte ein Jahr der verworrensten Intriguen und der weitgehendsten politischen Combinationen[6]); Ideen, deren Ausführung Jahrzehnte angestrengtester Thätigkeit in Anspruch genommen hätten, werden ebenso rasch erfasst, wie mit anderen vertauscht. So verliert sich die Diplomatie, sich selbst überlassen, in Verwirrung, die vollendete Thatsache wirkt klärend, giebt Ziele, lässt keine Wahl der Mittel.

Der überraschende Gewaltstreich Karl's des Kühnen gegen das Kölner Erzbisthum rief mit einem Schlag in der Nation eine Aufregung und eine Einmüthigkeit des Willens wach, wie sie seit Jahrhunderten unerhört war. Lange hatte der burgundische Staat und Hof in den Gedanken der deutschen Fürsten eine ähnliche Stelle eingenommen, wie sie 2 Jahrhunderte später derjenige Ludwigs XIV. einnahm; alle Pläne für eine consequent geordnete Verwaltung, die durch Einschränkung der Unterthanenfreiheit erzielt werden sollten, hatten an das Vorbild Karl's angeknüpft oder auf seine Unterstützung gerechnet.

---

[4]) bei Janssen Frkft's Reichscorrespondenz 11. No. 439, 442, 445. 451, vor allen 483.
[5]) bei König v. Königsthal. Nachlese zu den Reichsgeschichten unter Friedrich. III. p. 170 ff.
[6]) Droysen. Pr. Pol. II. 1. p. 283—283.

Allmälig hatte sich überall die Ueberzeugung Bahn ge-
brochen, dass man in ihm den Hauptfeind jeder bürgerlichen
Freiheit zu erblicken habe.[7]) Es ging wohl durch die unteren Schichten der Bevölkerung eine Ahnung, dass sie gerade im Despotismus einen
Bundesgenossen finden könnten, verwundert blickte man auch
hier auf den geordneten Zustand des burgundischen Reiches,
berichtete, wie fest der Herzog den Landfrieden halte, wie
regelmässig er seine Truppen besolde; und insgeheim erzählte
man sich weiter, wie er spräche: „er wolle Frieden und
Glauben machen in aller Welt und die Untreue der Fürsten
strafen und die Gewalt, die da stehe auf armen Leuten in
grossen Städten.")" Noch überwog aber persönliche Freiheits-
liebe solche Gedanken; nichts erregte die Erbitterung mehr
als die Kunde, dass selbst die Familie vor der Begier des
neuen Hof- und Beamtenadels nicht mehr schütze.[8])

So vorbereitet erwachte das nationale Ehrgefühl, als man
vernahm, dass der gefürchtete Herzog seine Hand nach dem
Rheinlande ausgestreckt habe, „das da das Paradies deutscher
Länder heisset", dass Aachen, an das sich noch immer die
religiösen Vorstellungen vom heiligen Reich knüpften, schon
in seinem Besitz sei. Das römische Reich, sagte man damals,
habe einen Sprung bekommen.[10]) Das lebhafteste Bild der
Aufregung giebt uns vielleicht die Chronik Konrad Stolle's.
Weit ab vom Schauplatz des Krieges wohnend, schreibt der
Erfurter Pfarrer getreu Alles in sein Memoriale nieder, was
er in gemeinen Reden vernommen hat, so wie es ihm
„Priester, geistliche und weltliche Studenten, Kaufleute,
Bürger, Bauern, Wallbrüder, Reiter und andre fromme Leute"
zutrugen. Wie weit er die Wahrheit so habe ermitteln

---

[7]) Betreffs der Ansichten des Volks cf. Liliencron. Sammlung der
historischen Volkslieder. Bd. II, No. 132. Konrad Stolle, Thüringische
Chronik in Bibl. d. lit. Vereins. XXXII. p. 63 f. meint sogar, Karl habe
die grossen Städte vertilgen wollen.

*) K. Stolle a. a. O. Auch wusste man, wie schwer die Last seiner
Regierung auf dem Landadel lag. Liliencron II, No. 130.

*) Reimchronik v. Hagenbach in Mone Bad-Quellen II. Lieder von
Hagenbach bei Liliencron II, 132 u. 133. Wimpheling's Erstlingsschrift,
ein Drama von Hagenbach's Tod. Wiskowatoff Wimpheling p. 33 f.

[10]) Liliencron II, No. 138.

können, lässt er selbst in Zweifel; er wollte den Eindruck der
Zeit festhalten. Schon dass dies versucht werden konnte,
bekundet, wie tief derselbe gewesen sei. Da tritt nun bei
vielfacher Unkenntnis der entscheidenden Dinge die lebhafteste
Schilderung der kleinen Zwischenfälle entgegen, kühne
Abenteuer Weniger kommen neben diplomatischen Verhandlungen zu stehen, von den Wundern des heiligen Quirin,
von der Stimmung unter den Vertheidigern erhalten wir so
genaue Nachricht wie von den Reden zu Erfurt und den
Massregeln Herzog Wilhelm's von Thüringen.

Aus allen aber tritt hier wie in den Volksliedern immer
wieder das Bild des Herzogs hervor.

Jedes politische Interesse, mag es sich auch ursprünglich
auf allgemeine Grundsätze beziehen, wird, sobald es zum
Volk gelangt, sich an bestimmte Personen heften.

Man glaubte gegen den Geist eines einzigen Mannes zu
stehen, in ihm die alleinige Ursache des Streites zu finden,

Nu horet da eyn nuve mehir!

was man sagit hen und her,

unden und oben jn den landen,

das ist alles von einem manne von Burgundien.
so sang man im Volkslied.[11] Je lebhafter man sich der
Grösse des eigenen Strebens bewusst war, um so mehr
empfand man das Bedürfnis, sich auch den Gegner zwar böse
aber gross, ja übermenschlich darzustellen.

Was dem in der Nähe beobachtenden Diplomaten an
Karl als starrer Eigensinn, als unsinnige Eitelkeit und leere
Träumerei erschien, war dem Volk ein titanenhaftes Streben,
das sich selbst überstürzt, den Menschen in Schuld verwickelt
und zu Grunde richtet. Eine solche der antiken Tragödie
verwandte Geschichtsauffassung war dem Volke die gemässe;
es sah nur die grossen Umrisse, wo jene andern nur die
Einzelheiten sahen, zwischen beiden wird der Historiker seine
Stellung nehmen. Karl's Selbstvertrauen vor dem Sieg, sein
zorniger Uebermuth in demselben erschienen dem Volk wie
Pfänder, die er einem rächenden Schicksal gegeben habe[12];

---

[11] Bei K. Stolle p. 109 –113, danach bei Liliencron No. 146.

[12] In völlig gleichmässiger Weise, ebenso bei Diebold Schilling.
Geschichte der burgundischen Kriege, wie bei K. Stolle hervortretend.

alle Ordnungen der Christenheit, hiess es, habe er zerbrechen wollen. 3 Herren, erzählte man als seine Rede, könne die Welt nur ertragen, Gott im Himmel, Lucifer in der Hölle, der dritte auf Erden, sagte er, wolle er sein.[13] Wenn er sich mit Alexander verglich, so war gerade diese Vorstellung dem Volk als die des himmelstürmenden Eroberers, gegenüber Caesar, dem Begründer der Ordnung des heiligen Reichs, geläufig.[14] Es ward wohl gar die Ansicht laut: Der Herzog sei der Antichrist, von dem die Prophezeiung sage, dass er die Christenheit verkehren werde. So lebhaft hatte sich dieses Bild der Phantasie des Volkes eingeprägt, dass noch Jahre nach Karl's Tod das in solchem Fall gewöhnliche Gerücht, er sei noch am Leben und habe eine freiwillige Pilgerschaft von 7 Jahren auf sich genommen, in ganz Deutschland Glauben finden und den Anhaltepunkt für schwärmerische Vorstellungen von einer Umgestaltung der Welt geben konnte.[15]

Nachdem nun so die Theilnahme des Volks auf's Aeusserste, fast bis zur Exaltation gespannt war, sah es sich durch die unerwartete und räthselhafte Beilegung des Neusser Krieges plötzlich unterbrochen, enttäuscht, von der Vollendung des Begonnenen ausgeschlossen. Mit leidenschaftlicher Spannung verfolgte es den Verlauf der burgundischen Tragödie. Während in der Schweiz sich schon halb höhnende, halb tadelnde Stimmen über die Unthätigkeit des Reichs erhoben[16], entstand selbst in den entlegeneren Strichen Deutschlands die Popularität der Schweizer, die noch nach 2 Jahrzehnten anhielt.[17] Hand in Hand mit dieser Theilnahme ging die Unzufriedenheit mit den heimischen Zuständen. Nichts würdigt ein Volk mehr herab, als die Ueberzeugung, dass von seinen Leitern falsches Spiel mit ihm getrieben sei.

---

[13] K. Stolle. p. 61 f.
[14] Stolle, p. 61. Liliencron II, No. 147.
„Er dünkt sich künig Alexander gleich,
er wolt bezwingen alle Reich.
[15] Nauclerus, a. a. 1476. Trithemius Chr. Hirsaug. etc. Städtechroniken B. X, Abth. Nürnberg IV. Jahrbücher des 15. Jahrh. (H. Deichsler) a. a. 1482.
[16] Liliencron No. 138. Vom Streit vor Granson.
[17] cf. Droysen. Pr. Pol. II. 1, p. 398 ff. und Thomas Platter, Selbstbiographie.

Schon verband man in den Liedern, die von Mund zu Mund gingen, mit den Anklagen von Verrath und Bestechung mystische Träumereien, wie man sie von den Astrologen, deren Bücher erst in solchen Momenten der Unklarheit Bedeutung gewinnen, empfing.[18]) Den Umschwung, den die Gegenwart versagt hatte, glaubte man in der Zukunft zu sehen, — um diesen Kern schossen sofort alle unklaren Vorstellungen zusammen. So schnell schlug wieder die politische Aufregung, als ihr der Gegenstand entzogen wurde, zur religiösen um. Alle Ziele waren verschwunden, nur die innere Unruhe des letzten Jahres war geblieben.

Noch hatte sich Karl's des Kühnen Schicksal nicht vollendet, als zuerst im Sommer 1475 eine eigenthümliche religiöse Bewegung das Volk ergriff. Es war nicht einmal ein neues überraschendes Wunder, das die Menge erregt hatte; seit langer Zeit war bereits eine blutige Hostie in dem altmärkischen Dorfe Wilsnak Gegenstand der Verehrung gewesen, ohne dass dieser Kultus über das gewöhnliche Mass hinausgegangen wäre. Plötzlich ergriff jetzt im ganzen mittleren Deutschland der Drang, zum heiligen Blut zu wallfarten, zuerst die Jugend. War doch auch bis zu ihr die Aufregung des Krieges gedrungen und hatte sich selbst auf den entlegensten Dörfern in den Kinderspielen ausgeprägt.[19])

Jetzt traten Gruppen von Kindern und jungen Leuten an einander[20]), in manchen Orten ordneten sie sich unter Leitung des Schulmeisters zur Procession, zogen mit Kreuzen und Fahnen; die meisten aber liefen hinweg, ohne Geld, ohne jegliche Vorbereitung, schaarten sich in Haufen von etlichen Hundert zusammen, strichen, Kyrieeleison singend, durch Märkte und Dörfer, ihren Unterhalt von der Mildthätigkeit der Bauern erwartend. Wo die Kinder ihre Strasse zogen, schloss sich ihnen Alt und Jung an; die Pflüger vom Felde — es war gerade die Zeit der Sommerbrache — folgten ihnen. Es wird von Bauern erzählt, die auf freier Landstrasse ihr Gespann im Stich liessen, von Frauen, die vom Haushalt und

---

[18]) Das merkwürdige Lied bei Liliencron II, No. 184.
[19]) K. Stolle p. 88.
[20]) Die folgenden Schilderungen beruhen auf K. Stolle p. 128—131. Chron. Misnense bei Menken a. a. 1475. Matth. Döring a. a. 1475.

ihren Kindern wegliefen, von Dienstboten, die bei ihrer Be·
schäftigung die Wallfartslust ergriff. Eine unnatürliche Anspannung der Körperkräfte war zu erkennen; 8jährige Kinder
liefen mit; aus einem bambergischen Dorfe soll eine kleine
Schaar Knaben und Mädchen im ersten Anlauf einen Tag
und eine Nacht marschirend 18 Meilen zurückgelegt haben.
Bis zu offenbar krankhaften Erscheinungen steigerte sich der
Nachahmungstrieb. Es war umsonst, mit Gewalt einzuschreiten.
„Wenn man sie einsperrte", erzählt der Chronist, „so wurden
sie unsinnig, und wie es sie ankam, so hoben sie an zu
weinen, wie gross, wie alt, wie klein sie waren, und begannen
zu zittern, als ob sie das kalte Fieber hätten, dass sie nicht
sprechen konnten, und weinten so lange, bis dass sie aus den
Häusern kamen auf den Weg und entliefen den Leuten mit
Gewalt." Fragte man die Wallfarer nach dem Grund ihres
Vorhabens, so antworteten sie nur: sie würden getrieben;
Viele hatten gar nichts vom heiligen Blut gehört, wussten
nichts von ihrem Ziel, Andre wieder glaubten ein rothes
Kreuz in der Luft zu sehen, das ihrem Zuge vorangehe.

Die Geistlichen waren der Bewegung fremd und blieben
ihr feindlich, aber sie schrieben und predigten vergeblich,
selbst das oft erprobte Mittel der Beichte half nichts; von
Hundert überredeten sie kaum Einen. Der einzige Weg, dem
Wachsthum des Unwesens zu steuern, war: die Bevölkerung
völlig von den Ergriffenen abzuschliessen; so thaten es einzelne
Stadtobrigkeiten, während sich manche Fürsten dem Treiben
geneigt zeigten. In den Kreisen, die nicht von der Epidemie
ergriffen waren, wurde dieselbe doch ein Gegenstand lebhafter Besprechung. Nur eine Minderzahl glaubte, es sei das
Laufen von Gott eingegeben und ein Wunderwerk, die
Uebrigen theilten sich in solche, welche die Veranstaltung des
Teufels, und solche, welche den Einfluss des Gestirns auf die
Leute bestimmter Complexion zu erkennen glaubten; Alle setzten
so wenigstens eine Unfreiheit des Denkens und Wollens voraus.

So grossen Umfang diese Epidemie auch gewonnen hatte,
trat sie doch gegen eine andere Bewegung in Schatten, die
sich der Zeit nach unmittelbar an sie anschloss und einen so
beträchtlichen Bruchtheil der ländlichen Bevölkerung ergriff,
dass man sie mit einem gewissen Recht als das bedeutendste
Vorspiel des grossen Bauernkriegs bezeichnet hat. [11])

In den abgelegenen Thälern des Odenwald und Spessart,
im Tauber- und Schüptergrund, wo später Metzler und
Rohrbach aufreizende Reden hielten, wo bis auf den heutigen
Tag der Bevölkerung ein phantastisch schwärmerischer Zug
geblieben ist, fand die Bewegung ihren Ursprung. Hier zog
Hans Böhaim, ein junger Mann aus dem Dorfe Helmstadt im
Taubergrund, auf Kirchweihen und Tänzen mit Pauke und
Sackpfeife umher oder hütete in den Zwischenzeiten als Ge-
meindehirte das Dorfvieh. Suchen wir, soweit es die dem
Schwärmer missgünstigen Quellen erlauben, das Bild seiner
Persönlichkeit wiederherzustellen, so zeigt er sich als eine
phantasievolle, zarte und weiche Erscheinung; Unschuld und
Reinheit [22]) prägte sich in seinem Wesen aus und gab seinen
begeisterten Worten grösseres Gewicht, Schulbildung man-
gelte ihm jedoch gänzlich [23]) und selbst seine Kenntnis der
Religionslehren reichte nicht einmal bis zum apostolischen
Bekenntnis. Auch waren es nicht die Glaubensfragen, wie
sie die grübelnden Schwärmer aller Jahrhunderte zum Abfall
von der Kirche veranlasst haben, die seinen Verstand be-
schäftigt hätten, lieber erfüllte er seine lebhafte Phantasie mit
der Gestalt der Mutter Gottes, durch die der Kultus der
katholischen Kirche von jeher auf die ländliche Bevölkerung
eine Art Zauberkraft ausübte. Jede niedere Culturstufe sucht
für ihre Religionsbegriffe örtliche Anknüpfung. So erschien
ihm die Kapelle zu Niklashausen an der Tauber heiliger als
alle anderen Stätten der Verehrung der Jungfrau. [24]) Einmal
hatte er, vielleicht von einem wandernden Bettelmönch, der
ihn beeinflusst haben soll [25]), über Capistrano's Wirksamkeit
sprechen hören [26]); seitdem beschäftigte sich seine Einbildungs-

---

[21]) cf. Ullmann, Reformatoren vor der Reformat. B. 1. Anhang.
Zimmermann, Geschichte des gr. Bauernkriegs. B. 1. Barak, Archiv d.
hist. Ver. von Unterfranken XIV. III p. 1—108.
   [22]) Nauclerus. Mutius Chronic. a. a. 76 etc.
   [23]) Trithemius. (Gudenus No. 200. Barak Urk.
   [24]) sie war schon längst ein Gnadenort. Barak. Urk. 1. 2. 22. 23.
   [25]) Fries. Trithemius. Ullmann, Urk. 2 (bei Barak. 4). Barak,
Urk. 8. 10.
   [26]) Fries a. a. O. Dies allein würde Ullmann's Vermuthung von
hussitischer Beeinflussung widerlegen, obgleich auch Barak derselben bei-
pflichtet. p. 1—6.

kraft mit dem Gedanken, wie Jener der verworfenen Welt den Weg zum Heil zu weisen; aufmerksamer verfolgte er die Schäden der Kirche, die seinem Blick offen lagen oder von denen er hatte reden hören. Jedoch blieb er hierbei nicht stehen.

Seine Lebensstellung verwies ihn unter das Proletariat des Bauernstandes, die unehrlichen Leute[27]) und wie ihn sein Beruf als Dorfmusikant mit der Welt- und Sinnenlust vertraut machte, gegen die er seine Busspredigten richtete, so mag er als Hirte auf der Gemeinweide, an der er keinen Theil hatte, seinen communistischen Ideen nachgehangen haben. Die politische Erregtheit der Zeit wird Böhaim's Phantasie, wenn sie auch auf anderm Wegen ging, noch mehr befeuert haben.

Die Art, wie er schalt[28]): der Kaiser sei ein Bösewicht, und mit dem Papst sei es nichts; wie er über die Fürsten herzog, denen er vorwarf, sie theilten sich den Raub der Unterthanen, wie er diesen, als den Betrogenen, ein halb höhnisches „ach ihr armen Teufel" zurief, alles erinnert an die Missstimmung jener Tage. Vor allem das Volk selbst fühlte diesen Zusammenhang, es trug sich mit Gerüchten, dass die Schweizer kommen, der Wallfartsbewegung sich anschliessen würden und selbst den Fürsten machte das böse Gewissen die Sache wahrscheinlich[29]). Gerade in dem kritischen Moment nach der Beendigung des Neusser Krieges hatte sich Böhaims reizbare Einbildungskraft bis zu Visionen erhitzt. Als er auf dem Felde hütete, erschien ihm die Jungfrau Maria, in weissem Gewande, wie sie die Kirche darstellte, sie redete ihn an, berief ihn zu ihrem Diener.

Wie er bisher als ein Knecht der Sünde dem Volk zu Tanz und weltlichen Vergnügen Musik gemacht habe, so möge er fortan dem gemeinen Mann mit Predigen dienen, denn nicht länger wolle ihr Sohn die Verderbnis seiner Diener, der Priester, und die Pracht der Weltlichen mit ansehen. Grosses Unheil drohe der Welt und nur schleunige allgemeine

[27]) Gudenus 200 vitae turpitudo eum infamen et abjectum reddiderat.

[28]) Trithemius. Stolle. Ullmann, Urk. 1. (Barak, 3) eine Sammlung einzelner Aussprüche Böhaim's, wie Barak scharfsinnig nachweist, der Bericht der nach Urk. 8 ausgesandten Späher.

[29]) Barak. Urk. 15.

Busse könne der Strafe vorbeugen. Darum möge Alles zu ihrer Kirche nach Niklashausen wallfarten, denn mehr Gnade sei im Tauberthal, als an irgend einem Ende der Erde. Auch von den zukünftigen Schicksalen der Welt glaubte Böhaim, dass sie ihm in Visionen enthüllt seien. Da sah er zuerst düstere Bilder der Verfolgung, eine Zeit, in der der Priester seine Platte mit der Hand bedecken möchte, damit man ihn nicht kenne; dann erschien ihm die neue bessere Weltordnung der Zukunft.[29]) Wald, Wasser und Luft, das Wild, die Fische und Vögel in ihnen sollten dann gemeinsam und Jedem zu beliebiger Benutzung frei sein; — es waren die alten Markrechte, die dem Gemeindehirten vorschwebten.

Jede Last der kirchlichen und weltlichen Herrschaft würde aufhören, denn Keiner werde mehr besitzen als der Andere, es werde dahin kommen, dass Fürsten und Herren um einen Tagelohn arbeiten müssten.[30])

Am Beginn der Fastenzeit, wo das Volk von jeher gewöhnt war, sich religiösen Uebungen lebhafter hinzugeben, verbrannte Böhaim nun öffentlich seine Pauke, verkündete dem Volk die Erscheinung und theilte ihm den Auftrag mit, der ihm zu Theil geworden war.[31]) Sogleich fand er bei den Bauern seiner engeren Heimath Glauben, rasch durchflog die Kunde von dem neuen Propheten die umliegenden Landstriche im Neckar-, Main- und Kocherthal.[32]) Die Schnelligkeit aber, mit der sich der Wallfartseifer durch das ganze übrige Deutschland verbreitete, wäre unerklärlich, dürfte man nicht voraussetzen, dass eine allgemeine Aufregung, die sich einen Ausweg zu verschaffen suchte, schon vorhanden gewesen sei. Fast gleichzeitig wurden alle Landschaften vom Elsass bis Meissen von der Epidemie ergriffen, die in vergrössertem Massstabe die Züge des Wilsnaker Blutlaufs wiedergab.

Die Leute kamen bisweilen in den Kleidern angelaufen, in denen sie die Sucht ergriffen, die Bauern hatten noch die

---

[29]) Dass dies die ursprüngliche Form seiner communistischen Träume gewesen, zeigt der mainzer Hirtenbrief Gudenus a. a. O.

[31]) Ullmann Urk. 1. Barak p. 10 12. Urk. 12—15.

[32]) Fries a. a. O. Die Bewohner der Grafschaft Wertheim und ihr Herr werden deshalb von den Bischöfen besonders verantwortlich gemacht. Barak Urk. 20—24.

Peitsche, die Grasemägde noch die Sicheln in der Hand,[33]) im Ganzen jedoch war eine Art freiwilliger Ordnung erkennbar. Die Bewohner ganzer Dörfer zogen processionsweise zusammen aus, jeder solche Haufen führte eine Wachskerze als Weihgeschenk mit sich, an der oft mehrere Männer zu tragen hatten. Werthvollere Gaben brachten die einzelnen. Waller, denn in der kurzen Zeit eines halben Jahres sammelte sich ein bedeutender Schatz in der Kirche. Die meisten waren freilich ohne Geld ausgezogen, allein sie wurden auf ihrem langen Marsch überall freundlich von den Bauern aufgenommen und bewirthet; man bemerkte, dass so die gepredigte Gütergemeinschaft schon ins Werk gesetzt schien, dass sie einander waren wie Brüder und Schwestern.

Rings um Niklashausen hatte sich eine Menge von Buden und Schenken zur Aufnahme der Pilger angesiedelt, doch immer nur ein geringer Theil der Herandrängenden konnte in ihnen Aufnahme finden, die Mehrzahl übernachtete unter freiem Himmel auf den Feldern und Wiesen. Meist zogen sie schon am nächsten Tag in gleicher Ordnung zurück und weckten durch ihre Erzählungen auch bei den Daheimgebliebenen gleiche Lust zur Wallfart. Ansteckender noch wirkten die deutschen Gesänge, die sie während der Pilgerfart gemeinschaftlich anstimmten, sie zu unterdrücken waren die geistlichen Behörden später besonders bedacht.[34])

Stets drängten neue Schaaren nach; so wechselnd daher die Anzahl der jedesmal Anwesenden war, sank sie doch nie unter 4 oder 5000 herab. Es schien dies geringfügig im Vergleich mit den Menschenmengen, die sich an manchen Tagen zusammenfanden. Doch dürfen wir nicht vergessen, welchen mächtigen Eindruck der Anblick grosser, verworrener Volksmassen macht, der auch den Ruhigsten zu übertreibender Schätzung verleitet, wenn selbst die besonnensten Berichterstatter von 30 und 10,000 Pilgern reden. Je weiter das Gerücht sich entfernte, um so mehr übertrieb es die Zahlen ins Ungeheure.[35])

---

[13]) K. Stolle. Fries.
[34]) Barak Urk. 8. Barak p. 13. f. ein aus der Haller Chronik entnommener Vers.
[35]) Chronic. Mians. z. B. übertreibt bis 500,000.

Kam nun ein Zug an, so trat Böhaim auf eine improvisirte
Kanzel, ein umgestürztes Fass oder an die Fenster des
Wirthshauses, das Volk anzusprechen. Sobald er erschien,
warf sich die Menge vor ihm nieder; sie baten um seinen
Segen, riefen: „Heiliger Jüngling, bitte für uns!" dann machte
er das Zeichen des Kreuzes über die Knienden, das schätzten
sie wie volle Vergebung der Sünden. Forderten Einzelne
auch diese, so ertheilte er sie zwar, verwies sie aber dann
an den Pfarrer des Ortes.

Wenn er nun gleich in seiner Predigt heftig auf die
Sitten der Geistlichen schalt, den Druck der Obrigkeiten
tadelte, seine Zukunftsbilder enthüllte, so fehlte dennoch auch
die Ermahnung zu eigner Busse nicht. Dann brachten die
Frauen ihre Zöpfe, ihre Brusttücher und spitzen Schuhe, die
Männer Brettspiele und Karten herbei, aus denen Böhaim
nach der üblichen Weise der Busspediger einen Scheiterhaufen errichtete. Mehr jedoch als der Inhalt seiner Rede,
als selbst diese frommen Schaustellungen wirkte der Eindruck
seiner Persönlichkeit auf die Massen. In der Predigt selbst
muss dies hervorgetreten sein, er verschmähte hier nicht eine
fast sentimental spielende Darstellung seines eigenen Schick-
sals;[36]) und waren es doch seine eigenen Erlebnisse und
Visionen, die er dem Volk mittheilte, erschien er doch als
der persönliche Vermittler der neuen Offenbarung.

Hatte er geendet, so umringten ihn die Massen, Jeder
suchte ihn zu berühren, Jeder wo möglich ein Stück des
zottigen Gewandes, das er, wohl in Nachahmung der Propheten des alten Bundes, trug, loszuschneiden, so dass er sich
täglich neu bekleiden musste. Jeder neu ankommende Haufen
begehrte sofort ihn zu sehen, zu hören, kaum blieb ihm Zeit
zu Speise und Schlaf übrig. Bald schrieb man seiner Berührung Wunderkraft zu, es schien nicht mehr weit entfernt,
dass man ihn wie Gott selbst angebetet hätte.

Doch nicht der Eindruck einer übermächtigen Persönlichkeit, welche die Geister der Menschen beherrscht und mit
sich fortreisst, war es, den der schwärmerische Musikant
erweckte; während ihn das Volk wie einen Heiligen verehrte,
betrachtete es ihn doch mit jener Art der Zärtlichkeit, die

36) Ullmann, Urk. 1.

mit der Vorstellung ihres Gegenstandes verkleinernd spielt. „Hänselein" und „der Jüngling" waren die einzigen Bezeichnungen, die man im Volk für ihn hatte. Eben jene Unschuld, die man aus seinem Wesen hervorleuchten sah, schien ihn der unbefleckten Jungfrau näher zu bringen, deren Offenbarungen zu empfangen er allein gewürdigt worden war.

Noch war die Bewegung in stetem Wachsen, als sie ein plötzliches gewaltsames Ende nehmen sollte.[37]) Nur Ermunterung hatte sie in ihrer ersten Zeit erfahren. Willig ging der Pfarrer der plötzlich zur Heiligkeit erhobenen Kirche auf die Phantasien des Jünglings ein und die nächstgesessenen Adeligen förderten die Wallfart auf alle Weise. Sie versprachen sich mit Recht von der Schwärmerei des Volks reichen Geldgewinn und die Person des Propheten, dieses „halben Thoren", erschien ihnen völlig ungefährlich.[38])

Selbst der Graf von Wertheim schien dem Treiben nicht abgeneigt. Fernerstehenden war es freilich unbegreiflich,[39]) wie der Adel eine Bewegung unterstützen könne, die darauf ziele, den Knecht über den Herrn zu erheben. Denn die Gedanken, die Böhaim aussprach, schienen, falls sie allgemeine Verbreitung fanden, nothwendig zum Aufruhr zu führen. Warum sollte der Zustand, den er für die Zukunft geschaut hatte, nicht in der Gegenwart hergestellt werden? Viele seiner Aeusserungen liessen sich so auslegen, er selbst hat sich wohl aber die Consequenz einer bewaffneten Erhebung nicht klar gemacht. Vielmehr gefiel er sich in der Vorstellung des Märtyrerthums und gab Weisungen, die mehr auf Widerstand als auf Angriff berechnet waren. So meinte er: den Zehnten

---

[37]) Für die Schilderung der Katastrophe sind vor allem Trithemius Ann. Hirs. und Lilienkron No. 148, die beide auf gleichen oder verwandten Quellen beruhen, von Wichtigkeit, demnächst Stolle, Fries und Lehnsrecess Thunfeld's bei Ludwig a. a. O., die unmittelbar während der Ereignisse geschriebenen Briefe bei Barak Urk. 11—15 und die spätere Urk. 10.

[38]) Barak p. 42—44. Charakteristisch ist der erste Wertheim'sche Bericht. Barak Urk. 5. Die Betheiligung des niedern Adels hebt besonders hervor Stolle und Urk. 11 (Bericht Bibra's an den Nürnberger Rath) cf. auch Thunfeld's Recess.

[39]) Besonders ausgeführt in dem langen Spruch bei Lilienkron II No. 148.

solle man verweigern, sofern er gefordert würde, nur, wenn man um Gotteswillen bäte, möge man ihn geben.[40]

Für weit gefährlicher musste man die Art und Weise halten, in der er gegen die Missstände der Kirche auftrat; sie schien ein schleuniges Einschreiten der bedrohten geistlichen Gewalten nöthig zu machen.

Niklashausen lag nahe bei Würzburg. Dort regierte seit 10 Jahren Rudolf von Scherenberg, ein alter, zur Milde geneigter Herr; selbst damals wurde er vom Erzbischof Diether von Isenburg, der nach seiner Wiederherstellung eine Säule der Kirche geworden war, gedrängt.[41]

An einem Tage, wo gerade der Zulauf geringer war, drang eine Schaar Reiter in das Dorf Niklashausen ein, man ergriff den Jüngling, band ihn auf ein Pferd und führte ihn schnell aus der Mitte seiner überraschten Anhänger nach Würzburg.

Noch am Nachmittag desselben Tages erschienen wiederum grössere Massen von Pilgern, man erzählt von 31,000. Als sie das Geschehene hörten, wandten sich Viele sogleich zur Heimkehr, die Andern blieben rathlos, schwankend bis zum späten Abend.

Da erhob sich unter ihnen ein Bauer, verkündete: Die heilige Dreieinigkeit selbst sei ihm erschienen, habe ihm befohlen, mit den Gläubigen zur Befreiung des heiligen Jünglings aufzubrechen. Jubelnd hörte man ihn an; man drang in die Kirche, nahm 400 der geweihten Wachskerzen. Bei ihrem Schein ordnete sich die ganze ungeheure Menge — noch waren es 16,000 — zur Procession; ein Edelmann, Konrad Thumfeld, war Führer, so zog man die ganze Nacht hindurch unter dem Gesange geistlicher Lieder dem gefangenen Propheten nach. Am frühen Morgen gelangten

---

[40] Ullmann Urk. 1. Der auch von Barak getheilten Ansicht, B. habe zuletzt zum Angriff übergehen wollen, kann ich nicht beipflichten. In den unmittelbar während der Ereignisse geschriebenen Briefen des Würzburger Bischofs wird zwar die Bewegung des Volks den revolutionären Lehren B. zugeschrieben und durch die Gemeingefährlichkeit derselben die Gefangennehmung motivirt, aber die Angabe, dass eine directe Aufforderung zur bewaffneten Erhebung der Grund derselben gewesen, findet sich erst 14 Tage später in einem Brief an den Kurfürsten von Sachsen, Urk. 18, der geschrieben ist, um Jenen zu entschiedenen Massregeln zu drängen.

[41] Die einzelnen Verhandlungen und Beziehungen vortrefflich bei Barak p. 17 ff.

die fanatisirten Massen vor Würzburg an. Dort, wo ein halbes Jahrhundert später die furchtbare Peripetie des Bauernkriegs stattfinden sollte, vor dem Marienberge, lagerten sie sich. Der Bischof hatte die Thore wohl verwahren lassen, denn er war der Bevölkerung seiner eigenen Hauptstadt nicht sicher, auch in der Bürgerschaft hielten Viele Böhaim für einen Heiligen und glaubten hartnäckig, dass der Himmel ein Wunder zu seiner Befreiung senden werde.

Unterdess erhob draussen die Menge immer wieder von Neuem den Ruf: Gebt uns den Jüngling. Wenn sie ihn hätten, riefen sie einem Abgesandten des Bischofs zu, sei es gut. Einen zweiten Boten, den Hofmarschall Hutten, welcher die würzburgischen Unterthanen warnte: sie würden sich allen Schaden, den sie etwa erlitten, allein zuzuschreiben haben, hätten sie beinahe übel behandelt; die Bauern der Umgegend aber kamen zur Besinnung und zogen ab. Der Bischof, der ungern zu den äussersten Mitteln griff, glaubte durch Anwendung blossen Schreckens die Geister ernüchtern zu können; er befahl aus allen Geschützen der Festung eine blinde Ladung über die Köpfe der Menge zu feuern. So sehr waren aber die Gemüther darauf gefasst, nur noch das Wunderbare zu erleben, dass man das Eingreifen einer höheren Macht zu sehen glaubte, die das Verderben von ihren Dienern abgewandt habe.

Unter wildem Geschrei stürmten die unbewehrten Massen gegen die unersteiglichen Felsenwälle der Festung, sie erwarteten nichts anderes, als müssten jene wie einst die Mauern Jerichos zusammenstürzen.

Aber jede Exaltation, auf den höchsten Punkt gesteigert, kann im Augenblick umschlagen: ein einziger Reiterangriff genügte in diesem Moment und die berauschte Menge stob aus einander.

Der Bischof hatte möglichste Schonung der Verblendeten anbefohlen, man begnügte sich, die einzelnen Haufen völlig zu zersprengen[12]), mit einer beträchtlichen Schaar Gefangener kehrten die Reiter nach Würzburg zurück. Rudolf liess diese

---

[12]) Hierbei kam es (Barak, Urk. 18), als man sich der Anführer zu bemächtigen suchte, noch zum Sturm auf einen befestigten Kirchhof. Es wurde dies den Bischöflichen offenbar sehr verübelt, andernfalls liesse sich die vertuschende Erzählung des Trithem. kaum deuten. cf. auch Urk. 15.

alsbald wieder frei, nur den Bauer, der die Vision der Dreieinigkeit gehabt haben wollte, sowie einen andern, der sich
hartnäckig zur Wehr gesetzt und ein Pferd erstochen hatte,
behielt er zur Bestrafung zurück.

Sie sollte ihr Schicksal, die Enthauptung, an gleichem
Tage mit Hans Böhaim treffen. Im Kerker war die Kraft
des Schwärmers, die nur in einer unnatürlichen Anspannung
ihren Grund hatte, zusammengeknickt[43]), aber jene kindliche,
unbefangene Ueberzeugungstreue, die ihm die Herzen gewonnen hatte, scheint ihm bis zum Augenblicke des Todes
geblieben zu sein. Noch auf dem Scheiterhaufen sang er
deutsche Hymnen zum Preise der heiligen Jungfrau, bis der
Rauch seine Stimme erstickte.

Erst als die Asche in den Main gestreut war, endete die
Furcht und die Sorge, die das Leben dieses Bauern-Savana-
rola erweckt hatte. Denn fest war im Volke der Glaube
gewurzelt, dass ein göttliches Wunder noch im letzten
Augenblicke das Leben seines Lieblings retten, seine Heiligkeit
bewähren würde. Die gesammte Bürgerschaft war daher in
Waffen versammelt, den Platz der Hinrichtung zu beschützen,
aber auch in ihr fürchteten Viele näher heranzutreten; sie
vermeinten, die Flamme möchte sich plötzlich wenden und
die Frevler an dem Propheten des Herrn verzehren.

Ein starker Glaube erweckt nicht immer bei den Gegnern
Zweifel, lieber verkehrt er sich in sein Gegentheil. So graute
auch denen, die Böhaim verbrannten, vor dem Tag der
Hinrichtung dessen, der in ihren Augen ein Schützling der
Hölle war. Nach dem Volksglauben trug der Frevler, der
einen Bund mit dem Bösen eingegangen war, das Zeichen
des Vertrags, in dem die Quelle seiner Macht lag, an seinem
Körper verborgen. Um sich vor jedem Zauber zu wahren,
hatte man daher Böhaim alles Haar abgeschoren.[44]) Unbegreiflich war eben einem Jeden die Gewalt, die dieser Musikant
auf die Gemüther ausübte; war es nicht ein Geschenk Gottes,
so war es eine Gabe des Teufels. Dem Feuertode sich zu
entreissen: schien es nicht leichter als ganz Deutschland von

---

[43]) Barak. Urk. 15 (Brief Giech's).

[44]) Diether's Hirtenbrief bei Guden. a. a. O. berichtet auch, B. habe
jene signa diaboli an sich getragen.

einer einsamen Dorfkirche im Tauberthal her in Bewegung
zu versetzen? Noch längere Zeit hielt das Volk das Bild des Jünglings
im Gedächtnis und pries ihn als einen heiligen Märtyrer.
Nichts empörte jedoch sein Gefühl mehr, als die eigennützige
Verwendung der in Niclashausen dargebrachten Opfergaben.[45])
Sofort nach der Entführung Böhaim's hatte der Graf von
Wertheim auf den reichen Kirchenschatz Beschlag gelegt;
er sah sich aber genöthigt, seine Beute mit den geistlichen
Obrigkeiten Würzburg und Mainz zu theilen.[46]) Am liebsten
hätte er auch die ergiebige Geldquelle noch länger in seinem
Gebiet behalten, er sah es gern, dass die Kirche von Niklashausen, obwohl sie vom Erzbischof Diether mit dem Interdict
belegt[47]) worden war, von dem Nimbus besonderer Heiligkeit
umgeben blieb, er unternahm es wohl gar, denselben, gestützt
auf alte päpstliche Gnadbriefe, gegen die zuständigen geistlichen Behörden zu vertheidigen.[48]) Nach wie vor strömten
grosse Schaaren von Wallern herbei, bis zum Beginn des
nächsten Jahres auf Befehl der geistlichen Behörde die Pfarre
eingezogen, die Kirche niedergerissen wurde.[49])
Die Art und Weise, wie die Bewegung während ihres
ganzen Verlaufs vom Adel ausgebeutet wurde, erinnert durchaus
an die Vorschläge, die von derselben Seite auf dem Regensburger Tag gemacht worden waren. So wenig gefährlich
erschien eine Bewegung, die revolutionäre Grundsätze auf
ihre Fahne schrieb, dem Stande, der schliesslich doch dem
Ideenkreis der Landbevölkerung am nächsten geblieben war,
der zu gleicher Zeit jede freiheitliche Regung, die sich auf
dem festen Boden der einzelnen Gemeinde entwickelte, eifersüchtig unterdrückte!
Der Erfolg schien jener Ansicht Recht zu geben. Die
unzählbaren Schaaren, die nach dem Taubergrund ge-
pilgert waren, kehrten ruhig zurück, wir hören nicht von
der geringsten Bewegung, die sie in ihrer Heimath veranlasst

[45]) Trithemius.
[46]) K. Stolle. In seiner bittern Correspondenz mit den Bischöfen findet
sich allerdings die Nachricht nicht. Barak. Urk. 20 — 24.
[47]) Gudenus, No. 200.
[48]) Barak. Urk. 1, 2, 22, 23.
[49]) Gudenus. No. 202.

2*

hätten. Es schien, als ob der übermächtige Drang, der sie ergriffen hatte, befriedigt sei und sich erschöpft habe. Nach der nationalen Bewegung des burgundischen Kriegs erschienen diese Volksbewegungen wie die letzten unregelmässigen Pendelschwingungen, wenn das Uhrwerk bereits abgelaufen ist. Nie führt in der wirklichen Welt ein grosses Ereignis zu einer so vollständigen Abwicklung der Stimmungen, wie sie das Ziel der Tragödie sein soll. Eine Spannung, ein Gefühl der Unbefriedigung bleibt in jedem Fall zurück, am stärksten freilich da, wo sie mit einer Enttäuschung verbunden ist. Das sind die Augenblicke der Panique. Wenn Tausende zugleich in zurückgedrängter Aufregung jener Stimmung nachhängen, bedarf es nur eines geringfügigen, oft völlig fremdartigen Anstosses, um bei Allen fast gleichzeitig ein und dieselbe Vorstellung, ein und dieselbe Bewegung wachzurufen. Für kürzere Zeit kann eine solche eine ganze Bevölkerung ohne Unterschied erfassen; bei einer tiefer gehenden Aufregung hingegen, die auch eine anhaltende Panique zur Folge hat, wird ein solcher naturgemässer Ausbruch der Aufregung für die obern Schichten der Gesellschaft durch die Mannigfaltigkeit der geistigen Interessen und durch die Gewohnheit jeden Gemüthseindruck begrifflich zu bewältigen, unmöglich gemacht. Um so ausgeprägter erscheint dafür auf den niederen Stufen die durch solche Vorstellungen nicht gehemmte psychische Reflexbewegung.

Nur eine weit vorgeschrittene geistige Trennung der obern Schichten der Gesellschaft vom niedern Volk konnte diesen Bewegungen ihre ausgeprägten Züge geben, aber wie weit der Riss geworden war, offenbart sich erst durch die Stellung, welche jene bei solchen Gelegenheiten einnehmen.

Am wichtigsten für das Entstehen und die Richtung einer religiösen Bewegung ist ohne Zweifel die Stellung, welche die Geistlichkeit zu ihr einnimmt. Bei einer Aufregung, die noch unklar nach einem Ziel tastet und das erste beste Symbol auf die Fahne schreibt, ist dem Clerus nichts leichter, als der Bewegung in seinem Interesse eine Bahn anzuweisen, aber dies ist selbst dann noch möglich, wenn sich dieselbe schon von Anfang an gegen einzelne kirchliche Missstände gerichtet hat. In den Zeiten ihrer Grösse hat es die katholische Kirche stets verstanden, diese Antriebe zu verwerthen; wenn sie Schwärmer wie Böhaim, anstatt ihnén die Laufbahn zum Heiligen zu eröffnen, in die zum Ketzer gedrängt hat, so war dies stets ein Zeichen der Schwäche und des Abfalls von ihren eigensten Grundsätzen. Eine solche Zeit war für Deutschland das ausgehende 15. Jahrhundert. Liess sich der Clerus einmal, wie wir weiterhin sehen werden, auf eine selbstständige religiöse Regung des Volks ein, so spielten hierbei sehr greifbare, meist pecuniäre Beweggründe ihre Rolle. Auch diese fielen da weg, wo im gesicherten, überreichen Besitz die Geistlichkeit sich zu behaglich fühlte, um sich solche einigermassen unbequeme Geldquellen zu erschliessen. So kam es vor[30]), dass die Mönche eines rheinischen Klosters ein altes hölzernes Heiligenbild, das plötzlich der Gegenstand einer eifrigen Verehrung geworden war, cassirten, um vor den massenhaften Wallfarten in Ruhe zu bleiben. Weit einflussreicher nach dieser Richtung waren hierarchische Bedenken und Standesvorurtheile. Die Vermuthung hussitischen Einflusses, wenigstens die Furcht: eine von den Volksmassen ausgehende Bewegung könne diesen Weg einschlagen, beherrschte die Köpfe[31]) und liess noch Kurfürst Berthold von Mainz eine Wiederbelebung des Inquisitionstribunals für seinen Sprengel nöthig erscheinen.[52]) Die Eifersucht, mit der der Clerus jede Betheiligung von Laien an der kirchlichen Verwaltung, ja jedes Urtheil über dieselbe ausschloss und doch ihre Berechtigung anerkannte, ist zur Genüge bekannt. Ein Zelot wie Trithemius, der für die Geistlichkeit womöglich Alles in Anspruch genommen hätte, konnte sich als scharfsinniger Mann doch nicht verbergen, dass hier blos eine Machtfrage vorliege; er durfte mit cynischer Offenheit erklären: freilich könne es für die Bauern nichts Angenehmeres geben, als den

---

[30]) Trithemius Ann. Hirs. a. a. 1480. Nach ihm hätten es die Mönche freilich auch quaestum detestantes gethan.

[51]) Selbst der Name „Böhaim" gab Veranlassung, hussitischen Einfluss zu wittern, Barak p. 7, und während die nur einigermassen ruhige Untersuchung wie Barak Urk. 3, 4 — Guden 200. — Trith. von Beziehungen zu Anhängern Capistrano's, zu Franziskanern und Begharden redet, heftet sich die Vermuthung auf böhmischen Einfluss, so schon Bibra's bei Barak, Urk. 10, und dann die meisten Chroniken.

[52]) Gudenus, Cod. dipl. Mog. 11, 7, 1488, No. 227.

Zehnten, und für die Laien überhaupt, als die geistliche Gerichtsbarkeit los zu sein. Aber doch sandte ein aufgeklärter Geistlicher, wie Geiler, wenn er die Schäden der Kirche seinen Zuhörern bloslegte, eine Art Verwahrung voraus, dass sie als Laien die Sache eigentlich nichts angehe.[53]) Es fehlte auch jene Eifersucht nicht, wie sie dem Theologen mit dem Staatsmann gemeinsam ist, die an den Thatsachen mäkelt, weil dieselben durch Eigenschaften ermöglicht wurden, die sie gering schätzen. Auch in dieser Hinsicht ist das Urtheil recht bezeichnend, das Trithemius über Böhaim fällt. Im Vollgefühl des Standesstolzes findet er es unbegreiflich, dass überhaupt ein Mensch Eindruck machen könne, der nicht im Stande sei, einen Stoff ordnungsmässig durchzudenken (ordinate ad propositum cogitare)[54]).

Ein vollständiges Abbild dieser Antriebe enthalten die Erlasse, durch welche Erzbischof Diether der Niklashäuser Wallfart entgegentrat.[55]) Nur der Form wegen sind hier einige sehr verunglückte Versuche gemacht, aus Böhaim's Worten eigentliche Ketzereien, also Verstösse gegen die Glaubenslehre, zu deduciren, ebenso sind die politischen und socialen Ausschreitungen kaum der Erwähnung gewürdigt, um so ausführlicher aber werden seine Verstösse gegen die festgesetzte Ordnung der Kirche, seine Verachtung des römischen Stuhls und der geistlichen Obrigkeiten, sein Tadel der Sitten des Clerus, sein Eindrängen in die Amtsbefugnisse geweihter Priester behandelt. Mit besonderem hierarchischen Stolze wird hier verkündet, dass selbst die heilige Jungfrau, auf deren Berufung der Pauker sein Auftreten stützte, nicht einmal sich die Macht, die in der priesterlichen Weihe liege, hätte geben können oder dürfen.

Ebensowenig vermisst man die Ironie gegen diesen Laien, der über den Glauben disputiren wollte und nicht einmal das Symbolum kannte. Dies Alles erhält aber erst seine Färbung durch ein Moment, das gleichmässig alle Kundgebungen der höheren Stände gegen diese Volksbewegungen

---

[53]) Geiler v. Kaisersperg, Predigtcyclus: Der Wannenkrämer. Abth.: Von Pfründenkrämern. Predigt 2 u. 3. (Strassburg 1516.)

[54]) Auch beschäftigen sich verschiedene theologische Facultäten mit B. Lehren. Barak, Urk. 10, 16.

[55]) Gudenus Cod. dipl. Mog. IV No. 200. Barak, Urk. 7.

kennzeichnet und das ich das rationalistische nennen möchte. Ein ausgesprochenes Unbehagen gegenüber jeder Schwärmerei als einer unfreien Form des Denkens und Willens, ein Widerwille gegen eine Agitation mit blind nachahmenden Massen durchzieht diese Zeit, deren auszeichnende Merkmale die Werthschätzung des Individuellen, die Ausbildung einer ganz neuen Art des Bewusstseins und der Zurechnung sind. Freilich richteten sich die Principien Diether's gegen die ganze mittelalterliche Kirche, wenn er erklärt, dass eine Enthüllung von Offenbarungen über die späteren Schicksale der Welt überhaupt unmöglich sei, da es heisse: „Ihr sollt Tag und Stunde nicht wissen", wenn er sich halbspöttisch gegen die Prätension besonderer Heiligkeit eines Ortes wendet, „als ob selbst heilige Männer Holz und Steinen solche Kraft geben könnten". Damit war überhaupt das Fortleben und die jederzeit mögliche Wiederholung des Wunderbaren, auf dem die ganze katholische Kirche beruht, verneint. In gleichem Sinne fassten die bedeutendsten Humanisten die Sache auf. „Schon lange", ruft der feurige Heinrich Bebel, „verschwanden aus der Welt die heiligen Propheten, mit denen die Götter pflegten, geheimnissvolle Worte zu reden, jetzt werden auf Erden nur noch Dreckpropheten geboren".[56] Und Sebastian Brant meint, im alten und neuen Testament sei genug der Lehre enthalten, man bedürfe keine weiter. Wer solche haben wolle:

Der suchet die capell und clausen
des Sackpfüffers von Niklashausen.[37]

In diesem Zurückgehen auf eine unverrückbare, als Ideal hingestellte, in der Vergangenheit liegende Grundlage haben sich Renaissance und Reformation am engsten berührt. Bezeichnend aber ist, dass selbst Geiler in seiner Predigt über das betreffende Capitel des Narrenschiffs allein diese Art von „Verachtung der Schrift" ausgelassen hat.[58] Der scharfsinnige Satiriker hatte in der That einen entscheidenden

---

[56] H. Bebeli. In Asophium Pseudoprophetam
  Jamque diu sancti mundo cessere prophetae
  Queis cum dii soleant mystica verba loqui
  Nunc nisi merdosi nascuntur in orbe prophetae.
[37] Seb. Brant. Narrenschiff ed. Zarncke. Cap. 11.
[58] Geiler v. Kaisersperg. Navicula or. 11. (Strassburg 1511.)

Punkt getroffen, das Missbehagen seiner Zeitgenossen ging
im Allgemeinen nicht bis zu einer solchen Vertiefung der Begriffe, aber man gab ihm doch offen Ausdruck.

Die ganze Wilsnaker Bewegung galt Vielen, wie wir
sahen, nur als eine physische Krankheitserscheinung, wenigstens als eine unbegreifliche Art Wahnsinn, als „Tobsucht"
erschienen alle derartigen Ereignisse den Berichterstattern,
die sich unendlich weit von den Empfindungen „des thollen
Pöfels, des populus Gomorrae, der aus allen Enden zu seinem
Propheten schwärmt" [59]) entfernt wussten.

Diese Auffassungsart hat nun freilich nicht das Interesse
von der Bewegung abgezogen — hier trat die humanistische
Lust, alles Fremdartige zu beobachten und dessen Erscheinungs-
form lebendig zu schildern, hinzu, — wohl aber hat sie die
Berichterstatter verhindert, die Motive und die psychologischen
Zusammenhänge richtig zu erkennen.

Die Fähigkeit, sich in den Gang der Gedanken und Ge-
fühle eines Schwärmers zu versetzen, war dieser sonst so
vielseitigen Zeit völlig abhanden gekommen. Jeder Rationalismus sucht äusserliche, sogenannte „natürliche", d. h. in den
meisten Fällen künstliche Erklärungen. Die ganze Renaissancezeit beherrscht ein tiefes Misstrauen gegen behauptete Wundererscheinungen, dem allerdings durch flagrante Thatsachen
frechen Betrugs stetig Nahrung zugeführt wurde.[60]) Die auf
solche Weise gelungene Ausbeutung der frommen Einfalt zu
verwerflichen Zwecken war sogar ein Lieblingsgegenstand
der nach pikanten Stoffen haschenden Novellisten geworden.[61])
So kann es auch nicht verwundern, dass in allen Quellen
Böhaim entweder als Betrüger oder, wie es meist geschieht,
als Betrogener erscheint. Ausführliche Berichte, mit denen
ein eingehendes Criminalverhör anzustellen erst nicht lohnt, erhalten wir: dass ein Mönch in weissem Kleid (n. b. auf freiem

---

[59]) Worte Seb. Frank's. Weltchronik a. a. 1476.

[60]) In Italien ist hierfür Neapel ein classischer Boden. In Deutschland machte bekanntlich der Process der Berner Dominikaner, dessen Acten
bei Valer. Anshelm 2 Bände füllen, namenloses Aufsehen. Cf. nur die
Aufzählung zeitgenössischer Berichte bei Böcking, Hutten, Opp. Suppl. 4
(Onomasticon zu den epp. obscur. viror.) s. v. Berna.

[61]) cf. nur Jov. Pontanus Charon und Masuccio Novellino Nov. 2.

Feld!) ihn als Mutter Gottes getäuscht, dass der Ortspfarrer
diese Bearbeitung fortgesetzt habe u. s. w.[62]) Ja die Möglichkeit, dass ein ungelehrter Hirt durch seine Predigt so grossen
Eindruck machen könne, schien so entlegen, dass man lieber
zur Vermuthung eines beständigen Soufflirens seitens des
Pfarrers seine Zuflucht nahm.[63]) Dieses nüchterne Denken,
welches jegliche Schwärmerei abwies, wird sich jedenfalls da
am vortheilhaftesten zeigen, wo es sich in praktischer Thätigkeit geltend macht. Die Feindseligkeit, welche die eigentliche Pfarrgeistlichkeit sowohl gegen die Wilsnaker, wie
gegen die Niklashäuser Bewegung bewies, beruht auf jener
ruhigen seelsorgerischen Auffassung, die sich im Gemeinde-
leben beschränkt, der jegliche Extravaganz der Gesinnung,
vor Allem aber jedes Eingreifen einer Massenbewegung in
ihren Wirkungskreis verhasst ist. Gegenüber der grossen
Concilienepoche ist diese Zeit so oft als eine Periode geistigen
Rückschritts bezeichnet worden, aber gerade in ihr hat sich
dieser Kern, welcher der Reformation ihre Richtung geben
sollte, gebildet und gestärkt. Alle von Pfarrern geschriebenen
Berichte[61]) sondern sich durch die gekennzeichnete Richtung
von den anderweitigen Quellen ab. So deuten die Klagen,
dass kein vernünftiges Zureden des Beichtvaters helfe, dass
man von solchen Wallfarten schlechter, nicht besser zurück-
kehre, auf die Berufsthätigkeit des Verfassers. Und eingehend werden die Bedingungen besprochen, unter denen
eine Wallfart ein Gott wohlgefälliges Werk sein würde. Es
sind: Ueberlegung, Reue, guter Vorsatz; sie sprechen sich
darin aus, dass der Pilger seinem Pfarrer beichtet, Urlaub
von ihm erbittet und seine Pilgerschaft nach der Ordnung
der Kirche einrichtet.[65])

---

[62]) Barak p. 37 nimmt an, dass B. bis zum öffentlichen Auftreten
selbstständig gehandelt habe, von da an Werkzeug gewesen sei, hierfür
bietet jedenfalls keine Quelle einen Anhalt.
[63]) Liliencron, No. 148 u. a. m.
[61]) Linturius, Stolle, Liliencron, No. 148.
[65]) Liliencron, II. No. 118.

Wiltu von got haben den lon.
so soltu dein Wallfart so tun:
mit peichten und mit reuigem herzen
soltu über dein sünd haben schmerzen,

Mit einer solchen Auffassung kann man das praktische Verhalten der Städte vergleichen. Das Ideal einer geregelten Verwaltung, die aus jeder Stadt eine kleine Welt für sich schuf, alle Bürger mit ihren gesammten Lebensverhältnissen umfasste, Jedem seine Stelle anwies, die selbst der Armuth und der Unsittlichkeit nur ein genau begrenztes Gebiet zugestand, aber sie in diesem schützte; dies Ideal war damals in einigen Orten beinahe erreicht und lag jedenfalls den Gedanken der meisten städtischen Politiker zu Grunde. In den Augen solcher Leute waren diese regellosen Gefühlsausbrüche allerwärtsher zusammengelaufener, verworrener Massen ein wahrer Gräuel. Daher schloss der Erfurter Rath seine Bürger ängstlich wie vor einer Ansteckung von den Wilsnaker Pilgern ab[66]), daher verboten die Nürnberger Herren eher als irgend ein Fürst allen ihren Unterthanen aufs Strengste, an den Niklashäuser Wallfarten Theil zu nehmen.[67]) Es tritt dieses Verfahren um so schärfer hervor, wenn wir es mit der früher geschilderten eigennützigen Begünstigung durch den Adel vergleichen.

Jedenfalls ist aber zu erkennen, dass eine Sympathie mit den Bewegungen oder ein Verständnis für deren Motive nirgends vorhanden war, und dies werden wir auch festhalten müssen bei der Darstellung jener Aufregung, die dem Scheitern der Reichsreformen und dem unglücklichen Ausgang des geldrischen und schwäbischen Krieges folgte.

---

von deinem Pfarrer urlaub pit
unnd gee un guten fürsatz nit
nach der kirchen ordenung
und mit guter reigirung.

[66]) K. Stolle a. a. O.

[67]) Das Verbot. Barak Urk. 6. Dem Interesse, welches der Rath an der Unterdrückung der Bewegung nahm, verdanken wir die eingehenden Briefe. Urk. 10, 11, 18. Ein besonderes päpstliches Breve wurde zu ihrer Belobigung gesandt. Urk. 28.

Capitel I.

Die Partei der Reichsreform und das Volk.

Ein lebhafteres Interesse, als es sonst die Verhandlungen deutscher Reichstage einzuflössen pflegen, zieht uns zu der Geschichte der Reformversuche, die das letzte Jahrzehnt des 15. Jahrhunderts ausfüllen. Aus allem tritt uns hier das Bild der Thätigkeit und der Persönlichkeit eines einzelnen Staatsmannes entgegen: des Kurfürsten Berthold von Mainz. Dass ein Mann, dessen Originalität aus allen seinen Handlungen und Reden hervorbricht, mit einem wohlgeordneten Plan an das Chaos der deutschen Verhältnisse herantritt, es mit voller Energie auf sich nimmt, aus diesem eine Schöpfung nach seinem Sinn zu bilden, dass es ihm eine Zeit lang gelingt, seinen Plänen officielle Gültigkeit zu schaffen, diese Thatsachen allein würden genügen, die Aufmerksamkeit an die Bestrebungen jener Tage zu fesseln. Der Staatsmann will aber gemessen sein nicht nur nach der Folgerichtigkeit und Originalität seiner Ideen, sondern auch nach deren praktischer Gültigkeit und nach der eigenen Fähigkeit wirkend das darzustellen, was er denkend als Ziel erkannt hat.

Diese Probe hält Kurfürst Berthold nicht aus. Sein Gebäude ist jählings in sich zusammengestürzt, nicht, weil die Mächte, die ihm feindlich waren, es untergraben hätten, sondern weil die Kräfte, die es stützen und halten sollten, falsch berechnet waren. Dies gilt nicht minder von seiner Berücksichtigung der äusseren Verhältnisse, wie von seiner Benutzung der Fürsten oder der Städte, aber am Schlagendsten erscheint dies Ergebniss nach einer Betrachtung der Stellung, welche in den Reformplänen die grosse Masse des Volks einnahm, und der Art und Weise, in der man dieselbe als Mittel zu verwerthen suchte. Selbst den eifrigsten Vertretern der eingeschlagenen Richtung wurde deren Unhaltbarkeit zuletzt klar, aber nur, damit sie mit der schlechtesten, wenngleich wirksamsten Triebkraft des Volkes: dem Aberglauben, einen Bund schlossen.

Das niedere Volk war durchaus nicht ohne Theilnahme für eine nationale Bewegung, mochte sie auch Opfer erheischen, und auch damals war so wenig als sonst sein Interesse einflusslos für die politische Gestaltung. Das hatte die Aufregung, welche die burgundischen Kriege begleitete, zur Genüge gezeigt und die Lebhaftigkeit, mit der des römischen Königs Gefangenschaft in Brügge, der Raub seiner Gemahlin, „des Fräuleins von Brittannia" [1] als eine Verhöhnung des deutschen Namens überall empfunden wurde, bekundete es aufs Neue. Grade einen kräftigen Aufschwung der äusseren Politik erwartete und verlangte man von den Reichsständen. Ein Idealist wie Wympheling, dessen Kopf mit den Bildern römisch-republicanischer Herrlichkeit erfüllt war, konnte die Stände dem Senat vergleichen, dem König warnend zurufen, dass Rom zur Weltherrschaft nur gelangt sei, weil es sich senatorischer Führung anvertraut; und ein praktischer Geschichtsschreiber wie Nauclerus, der mit dem feinsten Gefühl für die individuellen Züge des Einzel- wie des Völkerlebens begabt war, nahm unbedenklich solche Aeusserungen als ein lebendiges Abbild der Stimmung auf, während er die schleppenden Verhandlungen der Reichstage mit Schweigen überging. [2] Doch will man die Gedanken der Humanisten nicht als vollgültige Zeugnisse für die Stimmung des Publikums ansehen, so wende man sich zu den wenigen Volksliedern, die der reichsständischen Bewegung huldigen. Die Hoffnung auf eine neue Erhebung der Macht des Reiches ist das einzige Gefühl, dem sie Ausdruck geben. Nur im Hinblick auf die bisherigen Niederlagen fragt das eine: [3]

Was machts? Wie kams? Wer bracht uns drum?

Nichts, denn Verachtung aller Sach
und dass das Reich wolt sein zu schwach!

während das andere [4] siegesgewiss ausruft:

[1] Die bekannten Volkslieder bei Liliencron. No. 179 und 180.
[2] Ranke tadelt ihn sowohl dieser Unterlassungs-, wie jener Begehungssünde wegen.
[3] Liliencron II No. 211.
[4] Liliencron II No. 202 v. 17.

Bann das Reich, nun will's mit einander han,
so mach im niemand widerstan.

Solche Wünsche und Empfindungen konnte das politische
Verhalten der Reichstage nicht befriedigen. Keinem wichtigen
Beschluss jener Tage fehlt die Berufung auf das Wohl „der
deutschen Nation"; viele der grundlegenden enthalten den
Hinweis auf eine neue Machtentfaltung. Aber sehr tief ging
diese Empfindung doch nicht. Mit schneidiger Beredsamkeit
sprach zwar der Mainzer bittere Worte[5]) über den Verfall
des deutschen Reichs, über den Verlust der schönsten Pro-
vinzen, aber er lässt uns auch in keinem Zweifel, weshalb
er denselben bedauert: weil dadurch die Last des Reichs
allein auf den Uebriggebliebenen und Gehorsamen zu liegen
komme. Und als seine Partei einen langgehegten, oft aus-
gesprochnen Wunsch erreicht hatte, als sie im Jahre 1500 die
Leitung der äusseren Politik in ihre Hände bekommen hatte,
da war ihr Auftreten so unentschlossen, so unwürdig, dass
es uns an die schlimmsten Zeiten des 17. Jahrhunderts ge-
mahnt.[6]) Es wäre sogar eine Entschuldigung, wenn
ihnen die äussere Politik als ein Mittel der inneren erschienen
ist, wie es der König ihnen vorgeworfen hat.[7]) Soviel
wenigstens ist sicher, dass jeder Nachtheil, den die auswärtigen
Verwickelungen für Deutschland ergaben, ihnen die Wirksamkeit erleichterte oder gar ermöglichte.[8])

Grade in der inneren Organisation im Gegensatz zu der
kriegerischen Politik Maximilian's fand Kurfürst Berthold das
Ziel seiner Thätigkeit, die er als eine patriotische zu betrachten
nie anstand. Seitdem er zuerst auf der Frankfurter Vorver-
sammlung von 1485 sein Programm aufgestellt hatte,[9]) erklärten die von ihm geleiteten Stände immer von Neuem,
dass jedem Vorgehen der feste Boden fehle, wenn nicht

---

[5]) cf. seine Rede in Koblenz 1492 bei Janssen und seine Reden in
Worms 1497 bei Janssen No. 767.

[6]) cf. nur die Verhandlungen mit Louis XII. in Müller, Reichstagsstaat.

[7]) Denkschrift M. von 1507 in Spalatin's historischem Nachlass ed. Preller
u. Neudecker F. Beilage III. p. 204 ff. M. Rede 24. 6. 02. Kläpfel I p. 470.

[8]) Ranke D. G. I. p. 140 p. 182.

[9]) Minutoli. K. B. d. Markgrafen Alb. Achilles. Brief des Kurfürsten an Philipp von Kurpfalz. No. 54.

vorher Friede, Recht und Ordnung im Reiche geschaffen
worden seien.

Von diesen Reformen fand von vornherein nur der
Landfrieden lebhafte Theilnahme beim Volke. Hier besass
man seit Alters einen festen Begriff, konnte die Wichtigkeit
und Tragweite selbst der einzelnen Bestimmungen beurtheilen,
wie es tägliche Erfahrung Jedem an die Hand gab; vor
Allem aber war hier ein unmittelbarer Vortheil für die niederen
Schichten des Volks, besonders für die Bewohner des platten
Landes, ersichtlich. Kluger Weise hatte deshalb schon der
schwäbische Bund, der sonst wenig geneigt war, seine
Massregeln auf die Zuneigung der Unterthanen zu gründen,
mit dem Landfrieden eine Ausnahme gemacht und selbst die
Mittel der Religion zur Popularisirung desselben in Bewegung
gesetzt.[10]) Für das Reich aber dachte Kurfürst Berthold
damals noch nicht an eine Ausbeutung dieser Triebkraft, von
deren Bestehen wir doch sichere Kunde haben. Denn auch
nach dem Wormser Reichstag erblickte grade das niedere
Volk [11]) die Hauptsache der Reformen, die Grundlage, von
der alles Andere abhänge, im Landfrieden. So ist es denn
auch gekommen, dass derselbe zwar in den Wormser Beschlüssen eine nebensächliche Stellung einnimmt, insofern er
nur eine Folge der anderweitigen Bestimmungen ist,
aber in der Auffassung des Volks und in den Darstellungen,
die von jener beeinflusst wurden, vor Allem den Ruhm des
Wormser Reichstags auf die Nachwelt gebracht hat. [12]) Das
Kammergericht hingegen, in dem die Geschichte unzweifelhaft
die eigenartigste und folgenreichste Schöpfung der reichsständischen Partei sehen wird, erfreute sich keiner besonderen
Aufmerksamkeit. Zwar war man grade hier bemüht gewesen,
durch eine sachgemässe und von einem segensreichen Einfluss
der Theorie zeugende Organisation die Rechtsprechung für

---

[10]) Klüpfel. Urkk. des schwäb. Bundes I. p. 21 ff. 15. April 1488.]
[11]) Chmel. Actenst. zur Gesch. Max. No. 100. Reisebericht des Philipp
von Nassau.
[12]) So sagt noch Ranke D. G. I. p. 112. Zuerst setzte man den
Landfrieden fest, der diesen Reichstag so berühmt gemacht hat.

Jedermann gleich und kostenfrei zu machen,[13]) aber das
Volk war durchaus noch nicht so weit gereift, um sich mit
solchen Einrichtungen befreunden zu können. Im Gegentheil,
jedes tüchtige Denken, das sich naturgemäss auf den Kreis
beschränkt, welcher der Beobachtung zugänglich ist, drängte
das Volk dahin, in der Unabhängigkeit und Sachkenntnis
der örtlichen Gerichte die Gewährleistung der Rechtspflege
zu suchen, darüber hinaus stand für dasselbe noch immer
der König als die letzte Quelle und die persönliche Ver-
körperung des Rechtes da; mit ausgesprochnem Widerwillen
hingegen betrachtete man die Gerichtsbehörden 2. Instanz, in
jener Zeit vor allem das Hofgericht zu Rothweil. [14]) Darum
erfuhr das Kammergericht zuerst Gleichgültigkeit, bald erbte
es den Hass seiner Vorgänger. [15])

Ein lebhaftes Interesse an diesen Entwürfen im Volk zu
erwecken, wäre nicht einflusslos gewesen, aber man konnte es
leicht entbehren, that man nur selbst seine Schuldigkeit.
Nicht so bei der Reichsordnung, denn diese wandte sich mit
ihren wichtigsten Bestimmungen, den Reichshilfsbeschlüssen,
geradezu an den Einzelnen, durfte also von einer geneigten
Volksstimmung wesentliche Unterstützung erwarten. Eine
Art von Anerkennung dieses Sachverhalts wird man auch in
dem Verhalten der Fürsten gegen die Städteboten auf den
Reichstagen erkennen können. Ihnen wurde eine Theilnahme an der formalen Ordnung der Reichsverfassung und
der Berathung der Hilfsbewilligungen mehr oder minder
zugestanden, während sie von der materiellen Feststellung
des Rechts streng ausgeschlossen blieben. [16]) Dies allein
war jedoch sicherlich zu wenig und die halben, noch dazu
von Unkenntnis der wirklichen Verhältnisse zeugenden Mass-

---

[13]) In der Wormser Kammergerichtsordnung zeigt sich dies in den
Bestimmungen über die Advocatur. Im Freiburger Abschied, auf den
Berthold den grössten Einfluss ausübte (cf. darüber Ranke D. Gesetz 1.
p. 122), in der völligen Abschaffung der Gerichtsgebühren. Freib.
Absch. § 31.

[14]) Wie gleichgültig selbst die Fürsten waren, dafür lohnt es, Johann
Cicero's Verhalten zu beachten. Riedel Cod. dipl. C. 11. No. 295 f.

[15]) Ranke. Deutsche Geschichte B. 1. p. 219 f.

[16]) cf. meine Dissertation „der gemeine Pfennig", Beilage. Der Er-
werb der Reichsstandschaft.

regeln in Betreff der Unterthanen haben den Entwürfen die
Möglichkeit des Gelingens genommen und eine erfolglose
Aufregung wachgerufen. Der Urheber jener Pläne war unzweifelhaft davon überzeugt, dass durch dieselben für Deutschland eine gesunde
Fortentwickelung allein ermöglicht werde, aber diese Ueberzeugung wurzelte in dem Anschauungskreise des Reichsfürsten
und wurde in ihren Formen bestimmt durch das Bewusstsein
eines Theoretikers, der eben erst von der humanistischen
Bildung zum abstracten Denken erweckt war. Der Wunsch,
die landesfürstliche Gewalt zu erhöhen, traf daher mit dem
andern zusammen: eine gleichmässige Ordnung, der sich
Niemand ungestraft entziehen dürfe, durch das ganze Reich
herzustellen. Während man daher durch die ganze Epoche
von 1486—1502 nie zu klaren Begriffen und entschiedenen
Massregeln in der Frage kam, wie weit die Beschlüsse der
Reichstage eine Verpflichtung für die Abwesenden oder die
Widersprechenden einschlösse, hat man von Anfang an sich
auf das Entschiedenste gegen die Ansicht verwahrt, als ob
diese Festsetzungen einer besonderen Begutachtung der
Landstände bedürften, um in den Territorien gültig zu sein.
Handlung mit Reichsunmittelbaren, Pönen gegen Unterthanen,
diesen Grundsatz setzte Berthold gleich auf seinem ersten
Reichstag durch.[17]) So wendete sich diese Bewegung, die
man selber als eine Uebertragung der ständischen Grundsätze
auf das Reich betrachten muss, zunächst gegen den eigenen
Ausgangspunkt.

Die Bewilligung eines Matrikularbeitrages schloss nach
der allgemeinen Vorstellung der Zeit — und es war dies einer
der wenigen staatsrechtlichen Begriffe, die unfraglich fest-
standen, nur eine persönliche Verpflichtung des bewilligenden
Fürsten in sich.[18]) Hatte er die Hilfe seines Landes hierbei
in Anspruch genommen, so war dies eben eine Sache freier
Vereinbarung zwischen ihm und seinen Ständen gewesen.[19])

[17]) Müller, Rtgstheatr. u. Friedr. V. Vorst. VI. pag. 15.

[18]) Für dieses Verhältnis sind besonders die Actenstücke in Minutoli
K. B. 11. 12. 13. 63. 181. ff., sowie die Verhandlungen über den Anschlag
Pommerns — Riedel, Cod. dipl. Brand. C. II. No. 275—286 wichtig.

[19]) Mehrere Beispiele hierfür in den baierischen Landtagsverhandlungen.
Der theoretische Anspruch ebenda. IX. p. 395 ff.

Der erste Reichstag Berthold's war es auch, der zuerst die
Beiträge als eine Landeslast auffasste und von Reichswegen
Hilfe gegen ungehorsame Unterthanen zusagte, die sich einer
zu jenem Zweck ausgeschriebenen Steuer weigerten.[20]) Dies
geschah noch dazu in den Formen, welche für die Land-
friedenseinungen hergebracht waren, als ob man sich gegen
Friedbrecher verwahrte. a)
  War hiermit dem Einfluss der Unterthanen in der Feststellung des Fusses, der Vertheilung und Erhebung noch ein
gewisser Spielraum gelassen, so war hingegen durch die
Feststellung durchaus geregelter Reichssteuern ein solcher
principiell ausgeschlossen. Grade dies brachte die ersten
Entwürfe Berthold's zu Falle. Mit lebhaftem Eifer erklärte
der alte Albrecht Achilles, der doch grade kein Freund land-
ständischer Einrichtungen war: er dürfe als Biedermann nicht
altes Herkommen gegen die Seinen und ihm verwandten
Lande und Leute verkehren, dadurch dass er für jemanden
andern etwas bewillige. So, meinte er, werde man ihn und
die Seinen aus einander bringen.[21]) Damit erreichte er, dass
für diesmal weiter keine Rede war von einer Reichssteuer,
obwohl die Entwürfe zu einer solchen schon zweimal die
Billigung der Mehrheit des Kurfürstencollegs erhalten hatten.
Dass Berthold aber an allen Vorschlägen, die er bei diesem
seinem ersten politischen Auftreten gemacht hatte, principiell
festhielt, hat er selbst ausdrücklich bezeugt.[22]) In den grundlegenden Beschlüssen[23]) von Reichssteuern, die wesentlich unter
seinem Einfluss zu Stande kommen, ist die Ausschliessung
der Landstände stillschweigend vorausgesetzt. Man hat wohl
geglaubt, schon mit dem Eingehen auf eine Widerlegung
diesen Ansprüchen zu weit entgegenzukommen.

---

a) Anmerk. Hierbei ist zu erwähnen, dass man damals öfters die
Anschläge wie Einungen der Gehorsamen auffasste und danach organisirte.
Selbst der Ausdruck „die in diesen Anschlag kommen", wurde üblich. Der
Zweck war, eine feste Grundlage für die Ausführung gegenüber den wider-
sprechenden Reichsständen zu haben. In diesem Sinn wurde die Auf-
fassung z. B. auch von Albrecht Achilles eifrig vertreten.

[20]) Sammlung der R. Absch. Frkftr. R T. 1486 fin.
[21]) Minutoli, K. B. No. 183 ff.
[22]) Janssen a. a. O. II, No. 801 (a. 1500).
[23]) Worms 1495. Augsburg 1500.

Da man jedoch für die Erlangung der Zustimmung abwesender Reichsstände in den Abschieden Fürsorge getroffen hatte, so war es den mit der Vermittlung betrauten Personen überlassen, auch mit den Unterthanen zu unterhandeln[24]), und wo die fürstliche Gewalt nicht so stark war, wie es die Reichsbeschlüsse voraussetzten[25]), sah man sich hierzu genöthigt. Dass die Landstände nicht geneigt waren auf die neuen Formen einzugehen, kann nach diesen Vorgängen nicht verwundern.[26]) Die Klagen von einer beabsichtigten „ewigen Servitut", welche die Städte auf den Reichstagen erhoben hatten[27]), nahmen sie wieder auf. Steuern zu geben, „die sich einem Zins vergleichen", war man nicht geneigt, und lebhaft bestand man auf den Grundsätzen der bisherigen Anschläge. Unter den mancherlei Gründen und Wendungen, durch welche die bairischen Stände sich bei der Ablehnung der Koblenzer und der Wormser Steuer zu sichern suchten, ist der eine von höherem Interesse. Sie erklärten: eine so wichtige, jeden Einzelnen im Volk angehende Sache dürften nicht die Stände eines Fürstenthums für sich entscheiden, sie forderten eine Vereinigung aller ober- und niederbairischen Landschaften, denn, meinten sie, wenn auch im Lauf der Zeit das Land von den Herzögen getheilt worden sei, „so thun doch die einzelnen Fürstenthümer nicht mehr denn ein einiges Haus Baiern." Dazu rechnete man aber auch noch Kurpfalz und grade der Einfluss des Kurfürsten Philipp schien den ferner stehenden als der Hauptgrund des Widerstrebens der Baiern.[28]) So spielte man gegen das nationale Interesse

---

[24]) Datt. d. p. p. Wormser R. H. § 75, No. 3—23.

[25]) Im Mainzischen und in Sachsen erfolgte die Erhebung noch am meisten in der vorgeschriebenen Weise. Müller, Rtgsk. u. Max. II. Abschn. Einnahme des gem. Pf.

[26]) Die Quellen fliessen hierfür am reichlichsten in Baiern durch die Bair. Landtagshandlungen ed. Krenner. (Verhandlungen über den Koblenzer Abschied IX. p. 165—180 über den Wormser IX. p. 350--400 (München), XII. p. 392—425 (Landshut), über den Augsburger IX. p. 458—520. Ausserdem Chmel. Act. No. 100, Reiseber. Philipp's v. Nassau, No. 88, 89, 91. Janssen, II. No. 769, 775, 779. Von Schriftstellern bes. Linturius a. a. 1496 u. 98. Trithemius Chr. Hirs. 1497.

[27]) Acten des Wormser R. T. bei Datt. d. p. p. W. R. H. § 14. — Krenner. Bair. Ldtgh. IX 355. Janssen No. 779.

[28]) Janssen, II. No. 735.

das partikularistische des Stammes aus. Den Fürsten aber
erschien es in solchem Fall sicherer, diesen Trieb zu stärken,
als von der neuen Reichsordnung eine Erhöhung ihrer Befugnisse und ihrer Macht zu erwarten. So konnte sich der
schlaue Albrecht von München, der nicht umsonst in seiner
Jugend die Sophismen der Scholastiker studirt hatte, mit
einem Mal wieder auf den Standpunkt der alten Theorie
stellen und erklären, der Fürst sage nur eine Reichssteuer
für seine Person zu[29]), was doch eigentlich ein Widerspruch
in sich war.

Der Widerstand von dieser Seite war zu bedeutend, als
dass er nicht schliesslich doch die Aufmerksamkeit der
Reichstage hätte auf sich ziehen müssen. Schon 1497 in
Worms erörterte man die Gründe[30]), aber erst auf dem
Freiburger Tag (1498) kam man zu Entschliessungen.[31]) Doch
diese fielen so unbestimmt aus, dass man in ihnen deutlich
die Verlegenheit von Leuten erkennt, die sich bewusst sind,
einen Widerstand nicht überwinden zu können, und die doch
nicht gern ihren Standpunkt aufgeben möchten. Alles wird
hier auf einen späteren Reichstag verschoben, dann werde
man den Herren, deren Unterthanen widerspenstig seien,
Rath geben, wie sie dieselben zur Reichung der Steuer
bringen könnten.

Rein vom Standpunkt der Theorie betrachtet, wäre es
allerdings eine Selbstvernichtung der Reichsgesetzgebung
gewesen, eine Competenz der Landstände über sich zuzu-
geben[32]), fraglich aber war es, ob grade das Gebiet der
Reichshilfen das geeignete war, um eine Macht herauszu-
fordern, die sich bisher zwar theilnahmlos, aber doch nicht
gerade hinderlich verhalten hatte. Mehr jedoch wird uns
hier die Frage beschäftigen müssen, ob die Meinung des
Volks in diesem Verhalten der Landstände und in den analogen
der Reichsritterschaft ihren Ausdruck fand.

---

[29]) Bair. Landtgh. IX, p. 357.
[30]) Janssen, No. 779.
[31]) Datt. a. a. O. p. 905.
[32]) Als die Reichsreform dann gescheitert war, hat grade der von
Berthold geleitete Gelnhauser Kurfürstentag, um sich gegen Maximilian's
Ansprüche zu sichern, die Nothwendigkeit der Verabredungen mit den
Landständen betont, cf. das Schreiben bei Müller, Rtgsst. p. 238—242.

Dass dies der Fall gewesen sei, kann man sogar aus den Kundgebungen der Reichsstände erkennen. Als sie 1497 in Worms zugaben, dass die Reichssteuer noch immer nicht in Gang gebracht und nur eine geringfügige Summe vorhanden sei, schilderte man zur Entschuldigung die Schwierigkeiten, auf welche die Fürsten bei ihren Ständen stiessen, deutete aber als Haupthinderniss der ganzen Anordnung „die gemeine Rede und das Geschrei des gemeinen Mannes"[33]) an. Und 3 Jahre später stand man nicht an, zu bekennen, dass der gemeine Pfennig von Worms „Jedermann so widerwärtig sei".[34])

Es war zunächst politische Theilnahmlosigkeit, die das Volk bewog, gegen die Neuerung Partei zu ergreifen. Seine Stimmung gegen die Reichsreformen war etwa so, wie sie von Anfang an von den Städteboten deutlich ausgesprochen war, und wie sie auch diejenigen Fürsten theilten, die sich nicht selbst zu Trägern der neuen Ideen gemacht hatten. Man sah gespannt, aber ruhig zu, wie einem Experiment — verlaufene Uebungen, — so hatte der alte Kaiser Friedrich ironisch die ersten Pläne Berthold's genannt — man wartete ab, was wohl daraus werden möchte, man war zwar bereit, das Gute, das etwa daraus entstehen könne, in Empfang zu nehmen, aber man trug kein Bedenken, jeden kleinen reellen Vortheil diesen fernliegenden Aussichten vorzuziehen.[35])

Ganz unliebsam aber war das Ansinnen, dass nun Jeder selbst an seiner Stelle Hand anlegen solle. Der gealterte Kurfürst von Köln, auf den als den heldenmüthigen Vertheidiger von Neuss ganz Deutschland vor 20 Jahren wie auf seinen Vorkämpfer gesehen, fasste es geradezu als eine Beleidigung auf, dass er zur richtigen Zeit anfangen sollte, weil die anderen noch nicht begonnen hatten. Und diese Stimmung des Landesherrn fand der Unterhändler Graf Philipp von Nassau im ganzen Bisthum.[36]) So lange man keinen Erfolg von den Reichsreformen, besonders vom Landfrieden wahrnehmen könne, sei es unmöglich, an das gemeine Volk mit dem Begehren der Steuer heranzutreten.

---

[33]) Janssen, No. 779.
[34]) Janssen, No. 801.
[35]) Typisch für ein solches Verhalten sind die Frankfurter Berichte und Instructionen von 1487. Janssen 627.—640.
[36]) Chmel. Art. No. 100.

Ein Beschluss der niederbairischen Stände giebt dieser allgemeinen Stimmung am unverhülltesten Ausdruck. Dieselben erklärten: wenn die vorgenommene Ordnung von allen Ständen, Unterthanen und Verwandten des Reichs in allen Punkten und Artikeln ihres Inhalts vollzogen sei, ihr nachgegangen und nachgelebt werde, dann würden sie sich, nachdem man ihnen dies glaubhaft nachgewiesen, so halten, wie es ihnen die Nothdurft ihres Landes gebote.[37]) Solche böse eigensüchtige Gesinnung wäre aber sicherlich zu überwinden gewesen, hätte nicht das Volk merken müssen, dass die gesammte Organisation der Steuer unhaltbar war und nur Lasten mit sich brachte. Zu einem offenen Zugeständniss dieses Sachverhalts kamen die Reichsstände erst, als sie nicht mehr unter Berthold's Einfluss standen. Mit der Erklärung[38]), dass der gemeine Pfennig in der Zeit, da er aufgesetzt wurde, nicht einmal in guten Jahren habe eingebracht werden können und dass er daher jetzt bei schlechten ganz aussichtslos sei, sprach man aus, dass die Gründe des Scheiterns in der Organisation selbst lagen. Hierzu stimmt es, wenn man in den Gegenden, wo die Reichssteuer wirklich zur Erhebung kam, über ihre Härte im Sinne des Landvolks klagte.[39]) Ein wirkliches Urtheil hierüber kann nur durch die Zergliederung der beabsichtigten Einrichtungen erlangt werden.

Hier tritt sofort ein besonderer Zug hervor. Mag man über die Durchführbarkeit und über den absoluten Werth der sonstigen Reichsreformen denken, wie man will, eines kann man nicht ableugnen: sie entsprechen der ersten Vorbedingung alles Denkens, sie sind consequent. Einschränkungen, Zugeständnisse, welche die Lage gebot, sind nicht als ein wirkliches Schwanken anzusehen. Dass es mit den finanziellen Plänen anders stand, zeigt schon die Thatsache, dass innerhalb von 7 Jahren 3 grundverschiedene Steuerpläne

---

[37]) Bair. Landtgh. XII, 22. Sept. 1496. Recht eng partikularistisch wird noch die Forderung zugefügt, dass das kleinere Baiern—München zuerst den gem. Pfennig zu erlegen habe, aus dem scharfsinnigen Grunde, weil Albrecht älter als Georg sei.

[38]) Köln 1504. Müller, Rtgstaat p. 488.

[39]) Adam Ursinus a. a. 1497. (bei Menken II.) Trithemius, Chron. Sponheim. Linturius a. a. O. a. a. 1496.

die Billigung der Reichsstände erhielten. Auch gestand man nicht ohne Offenheit die eigene Unsicherheit ein, gab zu, dass hier noch viel zu rathen sei und dass dies Jedermann thun dürfe.[40])

Man war sich viel klarer über das, was man abschaffen wollte, als über das, was an die Stelle treten sollte. Wie sehr die Verwandlung der Matrikeln in Reichssteuern den Wünschen einiger Landesfürsten entsprach, sahen wir früher.[41]) Es kamen theoretische Vorstellungen hinzu, die bei Männern wie Berthold wohl sogar die massgebenden waren. Das, was man den Matrikeln allgemein vorwarf, war ihre Ungleichmässigkeit. Zum Theil war diese nur eine Folge von Verwaltungsmissständen, die in dem Mangel einer kräftigen und unabhängigen Exekutivgewalt wurzelten; andre Gründe lagen in der Organisation, andre endlich in der Einrichtung selbst. Zu der ersten Art gehörten die Verweigerung des Beitrags, die unvollständige oder verzögerte Ablieferung desselben und die sogenannte Abkaufung, d. h. die Abfindung mit dem Kaiser und seinen Räthen.[42]) Dies Alles hätte man schon durch die neuen Reichsordnungen vermeiden können, was zur Steuer statt der Matrikel drängte, waren die anderen Gründe.

Auch bei der Organisation der Matrikeln hatte man von jeher das Princip der Gleichheit verfolgt, in dem Sinn, dass der Beitrag sich nach dem Reineinkommen des angeschlagenen Reichsstandes richte. Es waren solche Anschläge dann das Werk langwieriger Ermittlungen und Berathungen, dafür sollten sie auf Jahrzehnte hinaus zur Grundlage dienen.[43]) Die Ausführung eines derartig gleichmässigen Anschlags hätte nun aber sehr lange Zeit in Anspruch genommen, und meist drängten die Verhältnisse zu rascher Hilfe. Da blieb denn der praktische Erfolg die *ultima ratio*. Man schlug Jeden

<hr/>

[40]) Datt. a. a. O. p. 832, § 27.
[41]) cf. p. 32.
[42]) cf. hierfür besonders die Correspondenz. Albrecht Achilles mit dem kaiserlichen Hof im Jahre 1485 bei Minutoli. Kaiserliches Buch und die den pommerschen Matrikelsatz betr. Verhandlungen bei Riedel, Cod. dipl. C. II, No. 275—286.
[43]) Solche Matrikeln sind nur 1471, 1481, 1486, 1507 aufgestellt, cf. die betr. Abschiede in Samml. d. R. Absch.

danach an, was er im Augenblick leisten konnte; und
namentlich die dem Kriegsschauplatz Nähergesessenen wurden
in erhöhtem Mass herbeigezogen, während andrerseits solche,
die früher Dienste geleistet, herabgesetzt wurden. So ent-
standen die sogenannten eilenden Hülfen. Um aber doch den
Grundsatz der Gleichheit zu wahren, construirte man dieselben
als Anleihen oder als Abschlagsleistungen auf eine zukünftige
grosse Hilfe. Natürlich kam es nie zur Ausführung eines
solchen gleichmässigen Anschlages, da schon die Eintreibung
jener andern stets unvollkommen blieb.

Damit hätte man noch immer recht zufrieden sein können,
dass die Leistung der kleinen eilenden Hilfen die ver-
sprochnen grossen verhinderte, aber oft genug musste auch
jene in Aussicht stehende grosse Hilfe zum bequemen Vor-
wand dienen die geringere zurückzuhalten.[44]) So sammelte
sich eine nicht oder halb geleistete Hilfe zu der andern,
während immer wieder neue nöthig wurden; dann musste
man bei den neuen Feststellungen auf mehr als 25 vergan-
gene Jahre Rücksicht nehmen.[45]) Dabei herrschte in der
Verwaltung ein Leichtsinn, eine Nachlässigkeit und Bestech-
lichkeit, die alles Mass übersteigt. Um nur eins anzuführen.[46])
1487 hatte sich der Kaiser, die Exekutivbehörde mit sammt
seiner ganzen Kanzlei gar kein Exemplar der eben verab-
redeten Matrikel mitgenommen, wie es doch jede kleine
Reichsstadt that. Bei einer Anfrage, ob der Herzog von
Pommern überhaupt und wie er angeschlagen sei, musste
man an das gute Gedächtniss eines Kanzlisten appelliren.
Doch genug — es würde sonst diese Darstellung, die nur
andeuten kann, unwillkürlich selbst zum Abbild der chaotischen
Verwirrung werden, die sie schildern wollte.

Nun aber bildete sich die Ansicht aus, dass der ganze
Begriff der Matrikel als eine Verpflichtung des einzelnen
Reichsstandes ein fehlerhafter sei, dass eine Hilfe, die für die
Gesammtheit geleistet werde, auch von der Gesammtheit
getragen werden müsse.[47]) Eben erst hatte man angefangen

---

[44]) cf. besonders die Verhandlungen von 1487 (Nürnberg), Janssen 640
(vollständige Handlung) und 627—640 Berichte.

[45]) Minutoli K. B., No. 16, No. 134.

[46]) Riedel, Cod. dipl. Brand, No. 277, No. 286.

[47]) cf. oben p. 32 f.

rationell zu verwalten, in solchen Fällen sind die Politiker stets geneigt, ihren Principien schlechthin Spielraum zu geben. Man verschmähte es, an das Chaos der vorhandenen Zustände mit sichtender Hand heranzugehen; die gewünschte Gleichmässigkeit schien am einfachsten herzustellen, wenn man der gesammten grossen Masse des Volks mit möglichster Beiseiteschaffung aller Mittelinstanzen die Last auflegte. Man kann dieses Verfahren einigermassen mit dem Verhalten der Physiokraten vergleichen, mit denen auch in anderen Richtungen manche Aehnlichkeit zu beachten wäre. Gleich vom König bis zum Bettler[48]) durch proportionale Vertheilung und uniforme Erhebung — das, wiederholte man laut, sei das Mittel, die Erfolge zu erzielen, welche das Matrikularwesen versagt habe.

Theoretisch hatte man damals diesem Princip nichts entgegenzusetzen, in der Praxis aber hatte man eine Ahnung von seiner Unzulänglichkeit. Die Einwendungen, die gemacht wurden, gingen aus dem Gefühl hervor, dass sich die letzten Resultate der Geldwirthschaft nicht von einer Gesellschaft verlangen lassen, die noch tief in der Naturalwirthschaft steckt. Den Städten schien es unleidlich, dass durch eine directe vielfach controlirte Besteuerung das Vermögen der einzelnen Bürger sowohl, wie der Communen erlernt werden möge.[49]) Dies mag zum Theil auf der Kleinlichkeit und Versicktheit beruhen, die das deutsche Geschäftsleben stets gekennzeichnet hat, aber andererseits ist, ganz abgesehen von den politischen Gründen gegenüber Fürsten und Adel, nicht zu verkennen. dass innerhalb einer Gesellschaft, in der die durchgeführte Geldwirthschaft nur auf eine Classe beschränkt ist, der Credit in der Geheimhaltung seine wesentlichste Stütze findet.

---

[48]) Datt. p. 498. Koblenzer Absch. § 1 nach dem vormals zu vil verschinen tägen hilff anslcg geschchcn nnd doch violleicht auss der ursach, dass in solchen die gleichheit nit geübt ist, nit fruchtbar gewesen sein, so ist ein hilff der billichkeit nach fürgenommen vnd in der gestalt, dass dieselb yedermann, in welchem stand oder wesen die sein, gleichmässig und leidlich scy.

[49]) Gleichmässig bei jenem Matrikelanschlag geltend gemacht.

Von der entgegengesetzten Seite erklärten 1493 Adel
und Prälaten von Krain und Kärnthen[51]): das Land sei zu
arm, um eine Besteuerung direct auf die Bauern zu ertragen,
dagegen erklärten sie sich bereit, selbst die geforderte Abgabe von ihrem Einkommen zu geben. Man wird hier gewiss
keine mildthätige Menschenliebe zu erkennen haben; näher
jäge die Vermuthung, dass man bestrebt war, eine directe
Verbindung der Regierung mit den Hintersassen zu verhindern;
aber auch dies macht die Billigung des Grundsatzes durch
die Statthalter unwahrscheinlich. Vielmehr sah es der Adel
als eigne Schädigung an, dass die wirthschaftliche Thätigkeit
des Arbeiters, von dessen Rente er lebte, gehemmt werde.
Die umlaufende Geldmenge auf den niederen Klassenstufen
einer Naturalwirthschaft ist geringfügig, ihre Bewegung lang-
sam, sie genügt kaum, um den nöthigen Verkehr zu vermitteln. Eine Steuer, die auf die Landbevölkerung gelegt wird,
muss daher als eine Entziehung der nothwendigsten Bedingung
der Production störender wirken, als eine Abgabe von einem
regelmässigen, jederzeit frei verfügbaren Einkommen.
    In gleichem Sinne beantragten auf den Reichstagen be-
ständig dieselben Fürsten, welche die eifrigsten Fürsprecher
einer völligen Gleichmässigkeit in den Anschlägen waren,
eine erhöhte Herbeiziehung der Städte „wegen der grösseren
Verlegung an baarem Geld"[52]); es schien ihnen, dass Jene
leichter umlaufende Münze entbehren könnten, als sie und
ihre Unterthanen. Man ahnte also, dass durch eine abstrakte
Gleichmässigkeit die Ungleichheit erst recht sanctionirt wird,
sobald man sie in Zuständen erzwingen will, die grosse Ver-

Anmerk. Sehr bezeichnend ist hier das Urtheil Macchiavelli's[50]) bei
Gelegenheit einer Vergleichung der Steuerverfassung seiner Heimath mit
jener der deutschen Städte. Er, das reifste Kind der Renaissance, zog zur
Erklärung der Erscheinungen überhaupt kaum andere als psychologische
Momente heran. Darum erblickt er nur den Ausdruck einer ehrwürdigen,
den Italienern fremden Gewissenhaftigkeit in jener Heimlichkeit, die
doch thatsächlich nur die Folge eines unentwickelten ökonomischen
Zustandes war.

[50]) Macchiavelli. Ritratti di Allemagna.
[51]) Chmel. Act. No. 2.
[52]) so z. B. in den Wormser Acten 1495, § 42, No. 21.

schiedenheiten in sich bergen. Es galt dann eben auch: *summum jus summa injuria.*

Zugleich lehrt jener Protest der Kärnther Stände ein anderes Verhältnis kennen, das die Geschichte der nächsten Zeit durchaus bestätigt. Eine Steuer, die das Einkommen als Gegenstand zu Grunde legt, musste den Bauernstand weit weniger treffen als eine Vermögenssteuer. Denn als Einkommen sondern sich in einer feudalen Naturalwirthschaft von selbst die Renten und Gülten aus, die aus keiner realen Quelle, sondern aus einer ideellen Verpflichtung hervorgingen, einen Grundrentenbestandtheil in den Händen des naturalwirthschaftenden Bauers, der jenem Einkommen entspräche, konnte jene Zeit weder theoretisch noch praktisch ausscheiden, wohl aber konnte sie auch in diesen Verhältnissen eine Veranschlagung des gesammten Vermögens vornehmen. War dann bei einer Vermögenssteuer für reines Einkommen die Fiction einer zu Grunde liegenden realen Quelle nöthig, so erfolgte ausserdem die Capitalisirung nach einem zu niedrigen Procentsatz.

Sehr belehrend sind für diese Verhältnisse besonders die Anordnungen von 1471, die von dem Grundsatz ausgingen: zwar jedes Einkommen heranzuziehen, aber auch jedes nach seiner Natur zu besteuern. Denn damals beliebte man für die Stände mit ausgeprägter Geldwirthschaft: Clerus und Städte eine Einkommensteuer, für die Grundbesitzer eine Vermögenssteuer.[53])

Ein noch wichtigeres Zeugnis ist jedoch die Entwickelung, welche die Reichssteuergesetzgebung von 1492—1500 durchmachte; sie lehrt, in welcher Richtung sich der Widerstand des Volks bewegte und zu welcher Art von Massregeln derselbe die Partei der Reichsstände schliesslich trieb. Sondert man zunächst in den Beschlüssen die Bestimmungen über Fuss, Massstab und Vertheilung der Steuern, also die eigentlich nationalökonomischen Theile, von denen über die Erhebung als den politichen ab, so zeigt sich in Kurzem folgende Entwickelung. In Koblenz stellt man das Princip der Uebertragung der Leistung auf die Gesammtheit der Bevölkerung schroff an die Spitze, nahm aber von einer durchgängigen

---

[53]) cf. oben p. 9 f.

Gleichmässigkeit Abstand; in Worms suchte man die volle
Theorie zur Geltung zu bringen, in Augsburg schliesslich gab
man das ursprüngliche Princip zu Gunsten einer partiellen
Einkommensteuer, verbunden mit einer Milizordnung, auf.

Nimmt man die Anwendbarkeit einer Steuer auf die
Verhältnisse der Volksmenge als einziges Princip der Beur-
theilung, so war eine Besteuerung nach den Feuerstätten, die
in Koblenz in Aussicht genommen wurde[54]), nicht nur eine
rohe, sondern auch eine drückende Form, aber sie wurde
gemildert dadurch, dass nach jenem Massstab nur die aufzu-
bringende Gesammtsteuer berechnet war und im Uebrigen
eine Repartition nach dem Vermögen den beauftragten
Behörden überlassen war. Von einer eigentlichen Gleichmässigkeit konnte selbst dann noch nicht die Rede sein und
man beabsichtigte sogar ausdrücklich die Städte, in denen es
natürlich relativ mehr Feuerstätten gab, stärker durch diese
Steuerart heranzuziehen.

Hingegen ist der gemeine Pfennig in Worms (1495) in
allen Wandlungen, die er auf dem Reichstag selbst erfuhr,
doch stets als proportionale Vermögenssteuer angesehen
worden.[55]) Die Vorstellung von einer Besteuerung des Einkommens war dabei so streng ausgeschlossen, dass man, um
zum Gegenstand der Steuer zu gelangen, Einkommen, welches
nur auf einem Rechtstitel beruhte, auf ein angenommenes
Capital zurückführte. Ein deutliches Zeichen für den Wunsch
auch den äusseren Anblick der Gleichmässigkeit zu erzielen!
Wie man denn auch hiermit die reinste Form der Reichssteuer erreicht zu haben glaubte, geht schon daraus hervor,
dass dieses Wormser Reichsgesetz im Wesentlichen nur eine
Wiederholung eines der Frankfurter Entwürfe darstellt, deren
Gesammtheit Berthold selbst als den consequentesten Ausdruck seiner Ideen bezeichnet hat. Ihre völlige Durchführung
blieb aber damals dem Kurfürsten noch versagt.

Endlich 1500 in Augsburg glaubte die reichsständische
Partei freie Hand in der Umgestaltung des Reichs zu haben,
und sie nutzten diese Gelegenheit so gründlich aus, dass der

---

[54]) Datt, a. a. O. p. 498 ff. dazu besonders Bair. Ldtgh. IX. p. 170—180.
Janssen 709, Handlung d. Tages. Lehmann, Chron. Spir.
[55]) cf. meinen gemeinen Pfennig p. 8, p. 22, p. 29.

König sich selbst und den Fremden abgesetzt schien.[56]) Wenn sie allein mit den Reichshilfsbeschlüssen [57]) eine Ausnahme machte, so werden wir wohl mit Recht darin vor Allem eine Einwirkung des Widerstandes sehen, den die bisherigen Massregeln gefunden hatten; wir werden aus der Art und Weise der Aenderungen, die man nöthig fand, auf die Richtung jenes Widerstandes schliessen dürfen. Hier hat man nun zwar den alten Grundsatz von der Betheiligung des ganzen Volks beibehalten, aber eine Geldabgabe desselben, die einer besonderen Verwaltung untersteht, völlig aufgegeben zu Gunsten einer Miliz, die an die franc archers Karls VII. erinnert. Sie wurde von den natürlichen Körperschaften, den Gemeinden, wenn auch nach bestimmten Zahlenverhältnissen der Besitzenden (400 Besitzer als Durchschnittszahl der Gemeinde 1 Mann) so doch mit völlig beliebiger Repartition aufgebracht. Sogar die Lohnsteuer, die man als Ergänzung nöthig fand, wurde den Gemeinden zu diesem Zweck überwiesen. Wir sehen hieraus, dass eine Geldabgabe, deren Verwendung den Blicken des Volks entzogen war, bei diesem auf ausgesprochenen Widerwillen gestossen sein muss. Da nun aber zur Erhaltung des ziemlich hoch besoldeteen Reichsregiments und des Kammergerichts baares Geld nöthig geworden war, richtete man eine Steuer ein auf solches Einkommen, das regelmässig in gleicher Summe und frei verfügbar den Nutzniessern zufloss, auf die Renten und Gülten des Clerus, der Kirchen und der Communen.[58])

Weniger grosse Schwankungen zeigt die Entwicklung der Bestimmungen über die Erhebung, denn die Fragen, um welche es sich hierbei handelte, waren Jedem verständlich, die Stellung, die einzunehmen war, jedem durch sein Interesse vorgezeichnet. Wie weit und in welchem Sinne war nun eine besondere Organisation beabsichtigt, inwiefern sah man von den vorhandenen politischen Instanzen ab?

---

[56]) cf. seine Aeusserungen gegen Friedrich von Sachsen bei Spalatin a. a. O. seinen Briefwechsel mit Berthold Gudenus No. 130 ff. seine Erklärung auf dem Kölner Tag 1504 bei Ranke D. G. VI. p. 34. f.
[57]) Im Abschied cap. 15—35.
[58]) Augsb. Absch. c. 10. f.
[59]) Ausgb. Ab. c. 20—29.

Den Reichsfürsten waren durch die neuen Ordnungen die wichtigsten Befugnisse eingeräumt, der Kampf, der gegen die Landstände geführt wurde, war in ihrem Interesse eingeleitet gewesen, aber dazu konnte sich Berthold doch nicht entschliessen, auch die Ausführung allein in ihre Hände zu legen. Der Wunsch, einen durchaus gleichmässigen und von der Centralbehörde zu kontrolirenden Verwaltungsmechanismus durch das ganze Reich zu construiren, „damit es bei dem einen zugehe wie bei dem andern" [60]), war hierbei freilich massgebender als die Furcht: die Landeshoheit missgünstiger Fürsten noch zu stärken. Die Koblenzer Entwürfe schlossen dem gemäss die Landesobrigkeiten von der Erhebung und Verwaltung aus, und weil doch irgend eine vorhandene Organisation zu Grunde gelegt werden musste, griff man zu der kirchlichen, die ja auch den gewünschten Vorzug hatte, verhältnismässig gleichmässig zu sein. Den Amtsleuten der Fürsten war dabei nur die Rolle zugedacht, auf „Anrufen" der Beauftragten hilfreiche Hand zu leisten.

Als man nun auf dem Wormser Tage mit ganz ähnlichen Vorschlägen hervortrat [61]), zeigte sich alsbald die Unmöglichkeit, von den Fürsten die Zustimmung zu einer solchen Ordnung zu erlangen. Man trat von ihrer Seite mit Vorschlägen auf [62]), die alles der Landesobrigkeit überwiesen. Die schliessliche Ordnung stellte zwar einen Compromiss dar, aber die Thatsachen zeigten, dass einem einigermassen kräftigen Fürsten gegenüber die Garantie, welche in der Herbeiziehung der geistlichen Obrigkeiten liegen sollte, völlig werthlos war [63]), dass sogar einige zum Helfen wenig bereite Kirchenfürsten sich sogar der Landesherren zu bedienen dachten, um sich von der lästigen Auflage frei zu machen." [64])

Der Augsburger Abschied zeigt auch in diesem Puncte ein Zurückweichen der Theorie gegen die unabweisbaren Forderungen der Wirklichkeit. Der künstliche Mechanismus der mancherlei ausführenden und controlirenden Behörden ist:

---

[60]) So schon in Koblenz Absch. Datt. p. 498.
[61]) A. C. W. § 40.
[62]) A. C. W. 29. Mai § 62.
[63]) Bair. Ldtgh. p. 374—377.
[64]) So die sächsischen Bischöfe Müller, R. Th. u. Max. Abschn. Erhebung des gem. Pf.

hier verschwunden und das geistliche Verwaltungselement so weit zurückgedrängt, dass sogar den Fürsten der wesentliche Theil der den Clerus betreffenden Anordnungen überlassen blieb.

Es möchte auf den ersten Blick scheinen, als ob gerade die ursprüngliche Fassung der Theorien aus einer der Masse des Volks freundlichen Gesinnung hervorgegangen sei und in befreiender Weise habe wirken müssen. Die Einmischung der Einzelobrigkeiten aufgehoben, ein jeder in directer Verbindung mit den Reichsbehörden! was noch wichtiger scheinen musste: keinerlei Standesunterschied, keine Unfreiheit berücksichtigt, einer wie der andere nur als Reichsbürger betrachtet! Und es war ein anerkannter Rechtsgrundsatz: dass das Steuern ein Zeichen der Zugehörigkeit sei. Die Folgerung, dass die Reichsfreiheit der Reichssteuer nachzufolgen habe, zog ein und der andere aus dem landsässigen Adel zu seinen Gunsten[65], das Volk wurde durch diese abgelegene Aussicht nicht besser gegen die Steuer gestimmt. Wir sahen, dass gerade die Klagen: man sei gegen die eigenen Herren hoch genug mit Abgaben verbunden, man wolle sich dem Reich nicht pflichtig machen, den meisten Beifall fanden.

Bei der Reformpartei lässt schon das Verhalten gegen die Landstände, die Feindseligkeit, mit der man jede Einmischung der „Unterthanen" betrachtet hatte, die wahren Ansichten muthmassen.

Man sah das Landvolk als eine willenlose Masse an, als einen Gegenstand, den man beliebig in Verwaltungsformen zwängen könnte. Dies geht sichtlich hervor aus der verschiedenen Behandlung, die man den Städten angedeihen liess. Hier hatte man geordnete Staatsbildungen vor Augen, schon die Bereitwilligkeit der Räthe verbürgte genügend eine regelrechte Ausführung, aber andererseits verwahrten sich dieselben eifersüchtig gegen jeden Eingriff fremder Verwaltung in ihren selbstbegrenzten Wirkungskreis. Ihnen gegenüber verzichtete man deshalb ohne grosse Bedenken[66] auf den ganzen Erhebungsmechanismus sammt der Controle. Das solle nur für

---

[65]) Bair. Ldtgh. IX. p. 495. ff. Albrecht schritt 1500 gegen einen solchen Versuch energisch ein. 1497 glaubte man sogar auf dem R. T. diese Verhältnisse besprechen zu müssen.

[66]) Worms. R. T. A. § 62.

das Landvolk gelten, erklärte man. Mit anderen Worten:
an diesem glaubte man unbeschadet Experimente anstellen
zu dürfen.

Bei diesem schnellen Nachgeben wirkte allerdings die
Furcht vor einer Vereinigung des Königs und der Städte
mit, der man schon einmal mit genauer Noth entgangen war.[67])
Als man 1500 der Besorgnis vor Maximilian ledig zu sein
glaubte, trat man daher auch gegen die Städte schärfer auf
und verlangte die Anordnung und Aushebung der Reichsmiliz nach den allgemeinen Bestimmungen.[68]) Aber auf die
lauten Klagen, die nun erhoben wurden, war man selbst
bereit, den Städten die Mittel zu weisen, durch die sie sich
der Beaufsichtigung durch die Reichsverwaltung entziehen
könnten.[69])

Wie sehr bei der gleichmässigen, man darf sagen, nivel-
lirenden Behandlung des Landvolks in der Steuererhebung die
Vorstellung obwaltete: dass man eine urtheilslose, an duldendes
Gehorchen zu gewöhnende Masse vor sich habe, erhellt
endlich noch sehr deutlich aus der Stellung, die Kurfürst
Berthold gegenüber der Oeffentlichkeit, gegenüber einer Besprechung von Reichsverhältnissen ausserhalb der Sitzungs-
säle der Reichstage einnahm. Fällt es sonst schwer, des
Kanzlers einzelne Meinungen aus der ständischen Thätigkeit
jener Tage herauszuerkennen[70]), während man doch überall
den Einfluss seiner mächtigen Persönlichkeit im Hintergrund
als massgebend erblickt, so liegen hier seine individuellen
Beweggründe und Ansichten offen und klar.

Kurfürst Berthold ist der Erfinder der Bücher-Censur für
Deutschland gewesen.[71]) Es war diese Anordnung anscheinend
die erste, die er als Bischof erliess, und zwar richteten sich
seine Unterdrückungsmassregeln, — als solche geben sie sich
selbst — gegen die deutsche Literatur, zunächst mit
besonderem Eifer gegen Uebersetzungen. Seine Gründe
sind zahlreich und unter ihnen sind einige recht verständige,

---

[67]) Worms. R. T. A. § 37. ff.
[68]) Augsb. Absch. c. 16. 17. 25.
[69]) Janssen No. 408.
[70]) Ranke. D. G. I. p. 121. f.
[71]) Gudenus. Cod. dipl. Mog. IV. No. 222—224.

die aber nur beweisen, dass die deutsche Sprache noch einer
bedeutenden Durcharbeitung bedürfe, um alle Gedankenver-
bindungen und Begriffe, deren die lateinische fähig ist, ausdrücken zu können. Immer aber tritt der Widerwille gegen
die Theilnahme einer ungelehrten Masse an höherer Bildung
und die Furcht vor dem Uebel, welches aus solcher Theilnahme entstehen könne, als die letzte Ursache seiner
Handlungsweise hervor. Die Buchdruckerkunst ist ihm „eine
göttliche Erfindung", ein besonderer Ruhm für sein „goldnes
Mainz", er weiss, dass eine Umwälzung der Bildungsver-
hältnisse von ihr ausgeht, aber dieser neuen Entwickelung,
die er ahnt, möchte er gar zu gern ihren Weg nach seinen
Gedanken anweisen und noch mehr, er glaubt auch die
Macht hierzu in Händen zu haben! Dieses Auftreten im
Felde der geistigen Interessen ist typisch für sein ganzes
Verhalten in der Politik.

Berthold's Einschreiten gegen die Oeffentlichkeit der
Reichsverhandlungen ist nur eine Anwendung dieser allgemeinen Grundsätze. In Frankfurt 1486 waren noch Kurfürsten
und Fürsten unter sich gewesen; er mag keinen Anlass
gehabt haben zu klagen. Aber 1487 in Nürnberg trat er
mit seinem ganzen Einfluss für eine völlige Geheimhaltung
der Verhandlungen ein.[72]) Die Boten der Städte, ebenso
wie die Räthe der Fürsten wurden zu strengster Verschwiegen-
heit verpflichtet. So unzufrieden sie damit waren, eine Zeit
lang fügten sie sich, schliesslich aber umgingen sie das
Gebot.[73]) Darauf wurde Berthold der Ansicht, den Städteboten überhaupt nichts mehr mitzutheilen, als was sie unmittelbar
anginge; und als sie 1489 mit der besten Bereitwilligkeit auf
den Reichstag gekommen waren, bestand er so hartnäckig
auf seinem Kopf, dass er sie lieber im Zorn scheiden liess,
als dass er nachgegeben hätte im Punkte der Oeffentlichkeit.[74])
Auch später vertrat er seine Ansicht,[75]) wenn auch minder

[72]) Janssen, No. 640.
[73]) Was die Frankfurter Berichte bei Janssen No. 632 ff. augenscheinlich zeigen.
[74]) Janssen II. No. 672.
[75]) Besonders in einer uns wörtlich aufbehaltenen Rede in Coblenz,
wo er den Räthen der Fürsten die Schuld gab.

energisch, aber 1500, als für ihn der Tag der Erfüllung gekommen war, setzte er noch einmal völlige Geheimhaltung durch,[76]) so bitter sich auch die Städte darüber äusserten. Auf welch' einflussreiches Mittel zur Bestimmung der öffentlichen Meinung der Vertreter der Reichsreform hiermit verzichtete, wird aber erst recht die Vergleichung mit Maximilian zeigen. Auf die alten staatlichen Organisationen wollte man sich nicht mehr stützen, den Weg, die Reformen als solche populär zu machen, vermied man ängstlich, ein einziges Hilfsmittel blieb, das man Anfangs, als man von der Möglichkeit einer regelrechten Neuorganisation des Volks überzeugt war, noch schüchtern, allmälig unverhohlener, zuletzt mit Schamlosigkeit anwandte: die Religion.

Vielleicht seit den Kreuzzügen, jedenfalls aber in erhöhtem Masse seit den Hussitenkriegen, hatte sich im Volke die Ansicht festgesetzt, dass eine Leistung, die man dem Einzelnen, ganz abgesehen von seiner staatlichen oder gesellschaftlichen Zugehörigkeit, nur als Person zumuthete, einen religiösen Zweck haben müsse. Die früher versuchten Reichssteuern hatten daher auch den Sinn von Nothhilfen gegen Ketzer und Türken gehabt. In den Plänen Berthold's fielen der allgemeinen Abgabe, die von allen Seiten als die Grundlage der übrigen Anordnungen bezeichnet wurde, wesentlich andere Aufgaben zu. Trotzdem glaubte man jene volksmässige Auffassung nicht entbehren zu können, selbst da, wo sie durch die eigentlichen Zwecke geradezu ausgeschlossen war. In Koblenz erschienen die Türken an der Spitze der Motive für eine Reichssteuer, die in der That die Mittel zu einem französischen Kriege ergeben sollte.[77]) Dasselbe wiederholt sich in Worms. Der gemeine Pfennig soll nicht nur dem Reiche und der deutschen Nation, sondern der ganzen Christenheit helfen, wobei im Hintergrunde der Gedanke lauert: dass ihn auch die gesammte Christenheit von Rechts wegen geben sollte. Je länger, je mehr traten in den Motiven die Türken in den Vordergrund.[78]) Während das halb zur Sage gewordene[79]),

---

[76]) Janssen II. 809 fl. auch damals ohne Nutzen, wie die Berichte z. B. No. 811 augenscheinlich zeigen.
[77]) Koblenzer Abschied bei Datt. p. 498 ff.
[78]) cf. Wormser R. T. A. § 3—8 mit § 64.
[79]) cf. hierzu Klüpfel p. 167.

politische Moment, die Hilfe zum Romzug, als missliebig bei
Seite geschoben wurde, musste sich auch der italienische
Krieg die Auslegung eines Religionkampfes zu Gunsten des
Papstes gefallen lassen.[80]) Auf den Reichstagen durchschaute
die Mehrzahl der Mitglieder sicherlich den wahren Sachverhalt, es war diese Deutung, die man der Steuer gab, auf
das Volk berechnet. Dem entsprach, dass in den ursprünglichen Entwürfen die Erhebung der Steuer sich an die kirchlichen Organisationen anschloss, dass auch weiterhin der
Einfluss des Clerus gewahrt blieb. Am deutlichsten giebt
sich diese Tendenz in den oft wiederholten Bestimmungen
kund, dass die Pfarrer von den Kanzeln das Volk ermahnen
sollten, etwas mehr zu geben, als es verpflichtet sei.[81])

Das Ueberwiegen der religiösen Auffassung zeigt sich
schon dadurch an, dass alsbald der Name des „türkischen
Pfennigs" der gebräuchliche wurde und auch in den späteren
Verhandlungen der Reichstage Eingang fand.[82]) Die Verpflichtung zur Hilfe gegen die Ungläubigen war es auch,
was man den widerspenstigen bairischen Ständen entgegen-
hielt[83]), bis auf dem vierten deshalb gehaltenen Landtage die
Landshuter rundweg erklärten: „Sie könnten nicht finden,
dass sie um ihrer Antwort willen als die, die gemeine Christenheit unfördern, geachtet seien." [84])

Auch zeigen die bittern Vorwürfe, welche die Schweizer
in ihren Liedern gegen die deutschen Fürsten erhoben, dass
sie ihre Pflicht, den versprochenen Türkenkrieg, versäumten[85]),
wie jene Verheissungen der Reichstage im Volke einigen
Glauben gefunden haben. Grade dem Schweizerkriege, zu
dessen Ausbruch die neuen Organisationen und deren Vertreter so viel beigetragen hatten, suchte man von dieser
Seite eine religiöse Färbung zu geben.[86]) Doch bedurfte es

---

[80]) Worms. R. T. A. § 22 etc.
[81]) Wormser R. T. A. § 27, § 62, § 64, schärfer wiederholt Freib. R.
Ab. § 89.
[82]) R. Absch. Freiburg u. Augsburg.
[83]) Bair. Ldtgh. IX. p. 357—408, XII. p. 400 bis Ende.
[84]) Bair. Ldtgh. XII. fin.
[85]) Liciencron, No. 197.
[86]) cf. Farrago historica. Ratisp. a. a. 1499, bei Oefele § 81, Anshelm
Berner Chr. II. p. 380.

wohl kaum noch Mittel wie Sündenvergebung und Predigt, um den Kriegseifer anzuspornen, nur den Feinden gaben sie Gelegenheit, den Hohn, der gegen Kurfürst Berthold überhaupt nicht gespart wurde, noch durch den Ausdruck der Verachtung zu verschärfen.[87])

Immerhin haben die Erfahrungen jenes Jahres, welche den Einfluss einer bereiten Volksstimmung auf die Politik unwiderleglich erwiesen, mit dazu beigetragen, dass unter die doctrinären Beschlüsse des Augsburger Reichstages so viele Bestimmungen gemischt wurden, welche auf eine freiere Entfaltung der Volkskräfte abzielten. Mit ihnen zugleich wuchs aber wiederum die religiöse Auslegung der Beschlüsse und die entsprechende Beeinflussung des Volks. Die Türkengefahr erscheint als einziges Motiv, die Unterthanen werden als „fromme Christenleute" zu „diesem löblichen, christlichen Werk aufgefordert."[88]) Weil man die directe Besteuerung hatte aufgeben müssen, so soll wenigstens eine vollständige Propaganda für ein Reichsalmosen von allen Kanzeln herab gemacht werden, soll in jeder Kirche ein Opferstock zur Entgegennahme der Spenden errichtet werden.[89]) Man theilte jetzt diese Anschauung in weiteren Kreisen. Der Nürnberger Rath regte Berthold noch besonders dazu an, ein allgemeines Kirchengebet für den Landfrieden anzuordnen. Gern ging der Kurfürst darauf ein und fügte von freien Stücken einen Ablass für Jeden hinzu, der beim Abendläuten eine Anzahl Ave Maria für den Landfrieden bete.[90])

So ging man Schritt für Schritt weiter auf dem bedenklichen Wege solcher Zugeständnisse an die volksmässige Auffassung, die im eigenen Munde halbe Lügen waren. Man war nicht mehr weit entfernt von einem Punkt, wo man die Reichsreform auf einen Handel mit geistlichen Gaben und auf die mittelbare Beschützung einer Wunderepidemie gründete.

---

[87]) Liliencron, No. 210. (Das berühmte „der alt gris" genannte Lied.)
[88]) Augsb. Absch. o. 15.
[89]) Augsb. Absch. c. 30 und 31.
[90]) Joannis, rer. Mog. vol. lib. IV. p. 810. (Urk. 19. 3. 1501.)

Capitel II.

König Maximilian und das Volk.

Das Verhalten der Reichsstände gegen das Volk beruhte auf Abneigung und wurde bestimmt durch Unkenntnis. Beides rächte sich an ihrem Werke, dessen Zusammensturz wenige verspätete Zugeständnisse nicht mehr aufhalten konnten. Vielleicht hätte man auch auf diesem Gebiete, dem der Popularität, grössere Erfolge gehabt, hätte man sich einem König gegenüber gesehen, der hierbei weniger wirksame Concurrenz gemacht als Maximilian. Die ganze deutsche Geschichte jener Tage ist ein Resultat des Wirkens dieser beiden Mächte. Sie waren einander zu entgegengesetzt, als dass jemals ein dauerndes Zusammenwirken hätte entstehen können. Was den Reichsständen in ihrem Verhältnis zum Volke von Bedeutung schien: die Nivellirung der Unterthanenmenge, die principielle Beseitigung landständischen Einflusses' die mechanische Regelmässigkeit der Verwaltung, das alles war Maximilian gleichgültig; hingegen, was ihm das natürlichste war, musste Jenen gefährlich scheinen, so: der Wunsch, dass Jeder im Volke Partei nehme, die Bearbeitung der öffentlichen Meinung mit allen Mitteln der Publicistik, die Schöpfung eines unruhigen, sich seiner Kraft bewussten, regellos unter der übrigen Bevölkerung zerstreuten Kriegerstandes. Der Gegensatz erscheint am deutlichsten in den Zielen, die man von beiden Seiten verfolgte. Maximilian sah nur den Reiz der Thätigkeit und des unmittelbaren Erfolges, Berthold nur die principiellen Grundlagen eines verfassungsmässig geordneten Staatswesens. Darum war Jenem das Mittel das liebste, welches auf dem unmittelbar wirksamen Eindruck der Persönlichkeit beruhte, Diesem jedes bedenklich, das sich nicht aus seinen allgemeinen Grundsätzen herleitete. Hiernach richtete sich die Stellung, welche beide zum Volke einnahmen.

Hier tritt in den Vordergrund das Verhältnis, welches Beide zu den nationalen Gedanken der Zeitgenossen hatten; noch darf man diese Wünsche und Vorstellungen nicht als Bestrebungen bezeichnen. Aber wirkliche Kräfte lagen hier doch verborgen; sie in Bewegung zu setzen, bedurfte es nur der geschickten Hand. Der erste Blick in die Schriften, Reden, Gedichte der Humanisten muss davon belehren, dass die Idee der Zusammengehörigkeit der Nation, der Stolz auf ihre Vergangenheit, die Hoffnung auf ihre grosse Zukunft die lebhaftesten Vorstellungen der gebildeten Stände jener Tage gewesen sind. Ein Ueberblick über die historischen Volkslieder würde genügen, um die weite Verbreitung dieser Ansichten im Volke zu erweisen; und die Thatsache des Neusser Krieges allein zeigt, was durch eine Benutzung derselben in der Politik auszurichten war.

Auch die Partei der Reichsreformen verdankte die besten Elemente ihres Gedankenkreises dem theilweisen Anschluss an dieselben, sie schuldet ihnen das begeisterte Vertrauen idealistischer Zeitgenossen und die reichlich gespendete Bewunderung der Nachwelt. In Wahrheit aber wird man dem Kurfürsten Berthold ebensowenig eine deutsch-nationale Politik zuschreiben dürfen, als etwa 200 Jahre später einem andern Mainzer: dem Herrn von Boyneburg.

Doch auch den König scheint mit Recht ein oft wiederholter Vorwurf zu treffen: Maximilian hat niemals deutsche, er hat nur habsburgische Politik getrieben. Hierfür scheint schon die Analogie mit den Männern, die ihm vorhergingen und die ihm folgten, zu sprechen. Es ist gewiss, dass weder bei Friedrich III. noch bei Karl V. zwischen dem Interesse der Familie und dem Traume der Weltherrschaft sich noch andere Beweggründe wirksam geäussert haben. Es bleibt unbestreitbar, dass auch bei Maximilian diese Antriebe zu den lebendigsten zählten; und die Geschichte zeigt, dass alle Erfolge seiner rastlosen Thätigkeit nur einer habsburgischen Weltherrschaft zu Gute kamen.

Jedes Urtheil über die Handlungsweise eines Menschen setzt eine Kenntnis seiner Denkweise voraus, deren Ergebnis jene allein darstellt. Eine Entscheidung, ob Maximilian's Politik nationale und volksmässige Elemente enthalten habe,

ist erst möglich, wenn wir wissen, was der König für volksmässig und national gehalten hat.

Wir sehen die Hauptbedeutung der Renaissancezeit innerhalb der gesammten Culturentwicklung darin, dass sie die
alten gesonderten Bildungsformen, welche einem einzelnen
Stande, einer einzelnen Gruppe angehören, hinwegräumte, dass
sie einen gemeinsamen geistigen Boden für die Gesammtheit
der Gebildeten, die wir mit einem modernen Namen das
Publikum nennen, herstellte. Jene Hinwegräumung, diese
Schöpfung konnte nur vollführt werden vermöge der Ent-
fesselung, der Hervorhebung und Werthschätzung des Individuellen.[1]) In diesem Sinne kann man sagen: Maximilian ist
das erste reife Kind der Neuzeit in Deutschland. Er gab
sich mit Lust jeder Anregung hin, war bestrebt, jede fremdartige Vorstellung in sich aufzunehmen; aber jede suchte er
zu bewältigen, jede diente ihm nur zur Ausbildung der
Individualität.[2]) Eine ganz auf sich gestellte Persönlichkeit
wollte er sein, darum erhob er auch den rein persönlichen
Nachruhm als das einzige bleibende Ziel irdischen Strebens,
denn die Werke des Menschen, meinte er, folgten ihm im
Tode nach, der Ruhm aber sei jener Schatz, bei dem sein
Herz bliebe.[3])

Wie ein Abglanz, oder sagen wir lieber, wie eine Gewährleistung dieses künftigen Lohnes erschien solchen Männern
der Ruhm der Gegenwart, die Anerkennung der Zeitgenossen.
Sie war ihre geistige Lebensatmosphäre und stellte sich nicht
selten als der mächtigste Antrieb ihrer Handlungen heraus.

So galt es von Maximilian. Es war ihm geradezu ein
Bedürfnis, in der Oeffentlichkeit zu leben und das gesammte
deutsche Publikum zum Zeugen seiner Handlungen und
Empfindungen zu machen. Seine politischen Pamphlete und
Aufrufe, die an den weitesten Leserkreis gerichtet waren,
sind jederzeit ein treues Bild seines gesammten Gedankenkreises. Die Aeusserung einer vorübergehenden Stimmung
steht neben dem Ergebnis gereifter Ueberlegung, persönlicher

---

[1]) J. Burckhardt. Cultur der Renaissance. Buch 2.
[2]) Hierfür ist die Erzählung seiner Ausbildung im Weiskunig p.
58—101 ein sprechendes Zeugnis.
[3]) Weiskunig, p. 69.

Groll und Zuneigung machen sich neben sachlichen politischen
Reflexionen geltend. Freilich waren dies zugleich klug
berechnete Mittel, auch dem Volke eine rein persönliche
Auffassung aufzudrängen, aber die Art, wie Maximilian das
Mittel benutzte, zeigt die Neigungen selbst an.[4]
Völlig durfte er sich denselben in seinen historischen
Werken überlassen. Das war wohl in seinem eigensten Sinne
gesprochen, was ihm Heinrich Bebel zurief[5]: er sei zu den
beiden höchsten Zielen des Lebens gelangt; der Ueber-
lieferung Würdiges zu thun und Thaten der Nachwelt zu
überliefern *(scribenda gerere et gesta scribere)*. Ueberallhin
begleitete ihn der Gedanke an die Darlegung seines Lebens
vor dem Publikum. Mitten im Kriege benutzte er etwa einen
unbeschäftigten Augenblick, seinem Schreiber ein Capitel in
die Feder zu dictiren.[6]
Wenn er dann Humanisten und Künstler um sich ver-
sammelte, wenn auch der deutsche Spruchdichter, dessen
Weisen dem niedern Volke seine Thaten verkünden sollten,
Unterstützung und Theilnahme bei ihm fand[7], so sah er
auch in ihnen die Träger des Ruhms und der Unsterblichkeit.[8]
Sein Wunsch wurde ihm reichlich erfüllt. An jedes wichtige
und an so manches unwichtige Ereignis seines vielbewegten
Lebens hat sich die literarische Darstellung und Verherrlichung
geknüpft. Welche poetische Verklärung hat nicht allein die
Böhmerschlacht gefunden von den anmuthigen Eklogen der

---

[4] „Seine Schreiben sind ausführlich, angenehm, lebhaft; einseitig,
aber auf ihre Weise wahr; sie bilden das sonderbarste Compendium der
europäischen Geschichte jener Zeit von dem Standpunkte eines vielthätigen,
hochstrebenden Fürsten aus, der Jedermann in sein Interesse zu ziehen
sucht." Ranke, D. G. VI. p. 94 bei Gelegenheit der Besprechung Fuggers.
Dennoch fasst R. noch immer zu sehr „die Fürsten" als Adressaten der
Schreiben und verkennt etwas ihren publicistischen Charakter.

[5] H. Bebelius, de laudd. Germaniae. Widmung.

[6] Pirckheimer, bellum Suitense, lib. II.

[7] Liliencron, II. No. 244, No. 250, III. No. 255, No. 262 (zum ersten
Mal ein Manifest M. in Reime gebracht, was später öfter) etc.

[8] Weisskunig, p. 68. In dem grossen populären Manifest bei Datt.
pag. 215 ff. hält er der Nation ihre Zerrissenheit und Unthätigkeit gegen
die Ungläubigen vor. Dies werde, meint er, sicherlich auch in die Chroniken
geschrieben werden, was ihm so wichtig scheint, dass er es unmittelbar
vor die am jüngsten Tage zu erwartende Strafe setzt.

lateinischen Dichter bis zu dem Schlachtlied des Landsknechts, der wohlgemuth im Blute ging, „als wär's ein Maientave!"[9]) Zum Glück war die Bewunderung der Zeitgenossen aufrichtig und ihr Geist frei genug, um selbst der Schmeichelei den Ausdruck der wahren Empfindung zu lassen. In diesem Sinne ist Maximilian allerdings von der Vorstellung der Volksmässigkeit erfüllt gewesen und hat ihr in hohem Masse gehuldigt; aber es war nicht jene Popularität, die dem Staatsmann die höchste sein soll. Er fasste das Publikum, um dessen Beifall er sich bewarb, sehr weit, aber er fasste es darum nichts weniger als Publikum, als die Summe einzelner Individuen, nicht als Volk.

Seine Eigenschaften machten ihn zu einem sehr interessanten und seine Zeit überaus anregenden Menschen, aber seiner politischen Wirksamkeit waren sie nicht zuträglich. Nicht nur, dass sie allem seinem Handeln ein eigenthümlich zerfahrenes unstätes Gepräge gegeben haben, was scharfsinnige Beobachter geradezu aus einer Ueberfülle von Gedanken erklärten[10]), sie machten ihm überhaupt jene volle Hingabe an eine leitende Idee, an eine einzige Sache, wie sie dem wahren Staatsmanne nöthig ist, unmöglich.

Maximilian lebte durchaus in der Vorstellung von Deutschland, die ihm von den Humanisten entgegengebracht wurde. In ihrem eigensten Gebiete übertraf sie der Mann, der mit Trithemius über theologische Fragen im Briefwechsel stand, zugleich Celtes bei seinen Bestrebungen unterstützte und für die Erhaltung der deutschen Heldenepen Sorge trug. In der That kann man ihm einen genialen Blick für den Zusammenhang alles geistigen Lebens innerhalb der Nation nicht absprechen und wie bei den Humanisten war dieser Stolz auf die geistige Bedeutung seines Vaterlandes nicht ohne politische Beziehungen.

Schon der Gedanke, dass eine andere Politik als die seine Deutschland zu grösserer Ehre und Vortheil gereichen könne, war ihm unfassbar. Dass Kurfürst Berthold eine solche Politik unternahm, schien ihm „ein zu hohes Unter-

---

[9]) Liliencron, No. 243, st. 12.
[10]) Vincenco Quirini, Relazione di Allemagna (1507) bei Alberi. Relazione Veneti. Bd. VI.

fangen, bei dem er weder die eigenen Kräfte noch die Ziele recht angesehen habe."[11]) Grade den Reichsreformern gegenüber glaubte er seine nationalen Ziele hervorheben zu müssen. Das nothwendige Ende, zu dem sie hätten hintreiben müssen, sei gewesen, „dass das heilige Reich und die deutsche Krone zu Händen des Königs von Frankreich stehe".[12])

Von dem Beruf der Deutschen zur Herrschaft in Europa war er tief durchdrungen. Er hatte sehr durchdachte Begriffe von der Stellung, welche das Deutschthum gegenüber den Slaven und Ungarn an seiner Ostgrenze einnehme.[13]) Er wusste sehr wohl, dass die deutschen Elemente in den Niederlanden dort die sicherste Stütze seiner Herrschaft waren.[14]) Auch schien es ihm nicht der geringste Ruhm, den er für sich erworben, „dass er sich zum Schild der deutschen Nation an ihren beiden Pforten gemacht habe." Wie kein anderer verstand er die Sprache des Nationalstolzes zu reden. Es stand ihm hierbei eine eigenthümliche Beredsamkeit in hohem Masse zu Gebote, in der sich das edle Pathos der Humanisten mit den scharfen, gedrängten, schlagwortartigen Wendungen verband, welche die deutsche Literatur jenes Zeitalters kennzeichnen. Zugleich verbürgt uns die Leidenschaftlichkeit, die in seinen Reden athmet, dass er sich wahrhaft von dem fortgerissen fühlte, was er aussprach.

Dennoch konnte ihm seiner ganzen Weltauffassung nach eine nationale Grundlage seiner Politik nicht als etwas Wesentliches erscheinen. Die Art und Weise, wie er in seiner Selbstbiographie alle Volksbezeichnungen vermeidet und immer nur von „Gesellschaften" redet, als ob es sich allein um Gruppen handle, die zu bestimmtem Zweck zeitweilig zusammentreten, kann als bezeichnend für die Gesinnung gelten, welche er in die Politik mitbrachte. Persönliche Grösse, persönliche Wirksamkeit galt ihm alles, er gefiel sich am besten in der Rolle des Abenteurers[15]); einen Condottiere

[11]) cf. seine Correspondenz mit Berthold, J. 1502. Gudenus, Cod. dipl. Mog. IV. und Ranke D. G. B. VI.
[12]) Brief an Friedrich den Weisen bei Spalatin, Leben und Zeitgeschichte Friedrich's, p. 139.
[13]) cf. den Aufruf, Jansen No. 683.
[14]) Constanzer Denkschrift bei Spalatin a. a. O. p. 204 f.
[15]) Wofür der ganze Theuerdank zeugt.

hat ihn schon früh Lodovico Moro genannt.[16]) Auch die
Nation schätzte er nach dem, was sie für ihn war. Er kannte
die Macht der nationalen Ideen, er konnte sich ihnen bis auf
einen gewissen Grad hingeben, aber er hätte sich nie von
ihnen beherrschen lassen. Wenn man also die Ziele von Maximilian's Politik nicht
eigentlich nationale wird nennen können, so bleibt doch die
Thatsache unbestreitbar, dass er stets bestrebt war, für dieselben nationale Begeisterung zu erwecken. Die Ueberzeugung,
dass in einer bis zu den untersten Schichten des Volks
gehenden Theilnahme die wirksamsten Kräfte verborgen
lägen, gründete sich auf den ersten politischen Eindruck, den
er in urtheilsfähigen Jahren empfing: auf den Zug vor Neuss.
Wie bestimmend derselbe für ihn war, mag man daraus
schliessen, dass er von diesem Punkte die Geschichtserzählung
seines Weisskunig ausgehen lässt.[17]) Auch in der dem
Augenblick angehörenden Rede vermied er, der Erbe Karl's
des Kühnen, diese Erinnerung nicht. Noch 30 Jahre später,
in einem Augenblick, als seine Macht auf's Tiefste gesunken
war, belebte er beziehungsvoll vor seinen österreichischen
Landständen das Andenken jener Tage, als einer glorreichen
Zeit nach tiefer Erniedrigung.[18]) Diese Eindrücke wurden
verstärkt durch die Ereignisse des Jahres 1488, in welchem
ihn eine der Neusser vergleichbare Bewegung aus der Gefangenschaft in Brügge befreite. Diese beiden Kriege bestimmten Maximilian's Ansichten von der Benutzungsart der
nationalen Kräfte und von den Mitteln, dieselben in Bewegung
zu setzen.

Beide Unternehmungen waren das, was man in der
Sprache jener Zeit gemeine Züge nannte. Unter allen Formen
der Hilfleistung war ein gemeiner Zug die einfachste. Gemäss
dem Grundsatz, dass in einer Gefahr des Reiches Alle, die
ihm ohne Mittel unterthan waren, zum Schutz desselben verpflichtet seien, wurde jeder betreffende vom Kaiser bei seinen
Treuen und Eiden, womit er dem heiligen Reich verpflichtet

---

[16]) Burckhardt, Cultur der Renaissance I. p. 41.
[17]) Weisskunig, p. 102—105.
[18]) Instruction für die österreichische Landschaft bei Müller.
Rtgsst. p. 97.

sei, aufgefordert, „auf das stärkst und meist so er vermöchte"
im Felde zu erscheinen. Noch in den Hussitenkriegen galt
dies als das Gewöhnliche, ehe die „grossen allgemeinen Anschläge" die gemeinen Züge verdrängten. Doch tauchten
noch immer Pläne zu einem solchen allgemeinen Aufgebot
als der vorzüglicheren Form von Zeit zu Zeit auf[19]), während
auch Eigennützige diesen Vorschlag machten, um sich unter
dem Schein der Bereitwilligkeit zu grossen Opfern den
geringfügigen zu entziehen.[20])

So wenig sich dieses tumultuarische Lehensaufgebot den
Organisationen, die ein geordnetes Staatswesen voraussetzte,
einfügen liess[21]) — hier trat es gegen die Matrikel weit
zurück — so grosse Vorzüge gewährte es, wenn die Nothwendigkeit eines Krieges unvorhergesehen an das Reich
herantrat. In solchen Augenblicken musste alles auf den
unmittelbaren Erfolg berechnet werden, es war unmöglich,
principielle Forderungen und Ansprüche geltend zu machen,
die Organisation wurde aus einer Angelegenheit des Staats-
rechts zu einer Sache der Politik.[22]) Nur eins stand fest: das
Zustandekommen der Züge beruhte allein auf der monarchi-
schen Autorität, darauf, dass im entscheidenden Augenblick
der Kaiser auch ohne Zustimmung der Fürsten die Streit-

---

[19]) So 1471. Janssen No. 432, Lehmann, Chr. Spir. VIII. p. 112.
1479 Chmel. Monum. Habsburg III p. 113.

[20]) 1473 die Städte. Janssen No. 439 und 442.

[21]) Einen verfehlten Plan hierzu entwarf 1471 Piccolomini. Cam-
panus Epp. bei Freher III. p. 140—158.

[22]) Es finden sich deshalb auch die grössten Verschiedenheiten. 1488
liess das Reich dem Feldhauptmann Friedrich v. Brandenburg fast ganz
freie Hand (Janssen 647). 1478, als der Kaiser nach Vereinbarung mit
einigen Fürsten ein Aufgebot gegen Louis XI. ergehen liess, handelten diese
fast ganz selbstständig. Chmel. Mon. Habs. II. p. 326—328. Janssen,
No. 541. 1474 erfolgte die Kriegserklärung an Burgund von der gesammten
Reichsversammlung, nachdem das Aufgebot zum Zuge vom Kaiser allein
ausgegangen war. Nebenbei erfolgten dann noch die besonderen Fehde-
briefe. (Cf. über die Nachtheile derselben die Verhandlungen des Koblenzer
Tages. Janssen 702.) Damals blieb die Reichsversammlung beinahe per-
manent, schloss Verträge, erliess Bestimmungen, traf Massregeln. (Ueber
diese Ereignisse die treffliche Darstellung in Markgraf, de bello Burg.)
Sobald nur eine energische Oberleitung vorhanden war, schien dies doch
die beste Form. Auch Maximilian suchte sie meistens zu beleben.

kräfte des Reichs berief. Vor dem Ausschreiben mochte er wohl Rath und Unterweisung erfahrener Fürsten fordern, indem er es erliess, handelte er allein „aus römischer kaiserlicher Machtvollkommenheit."[23]) Und wenn er gesonnen war, zu derselben Zeit sich mit Kurfürsten und Fürsten unterreden zu wollen, so geschah dies „solchem Fürnehmen mit mehr Macht notturftigen Widerstand zu leisten."[24]) In gleicher Weise fassten auch die Berufenen die Sachlage auf: „Unser allergnädigster Herr", hiess es in dem Fehdchriefe an Karl den Kühnen, „hat uns schriftlich und mündlich erfordert und gebeten, bei den Pflichten seinen Gnaden verwandt, ihm Hilf und Beistand zu thun wider Euch und die Euern . . . und nachdem wir s. k. Maj. als ein Kurfürst des heiligen Reichs und auch dem heiligen Reich verwandt sind, ziemt uns nit, seinen Gnaden das zu weigern, sundern als ein Glied des heiligen Reiches zu halten."[25]) Es blieb dem Kaiser sogar unbenommen, an einzelne dem Kriegsschauplatz Zunächstgesessene besondere Forderungen zu stellen[26]) oder schon in allen Aufgebotsmandaten ganz bestimmte Ziffern vorzuschreiben.[27]) Dann machte er gewissermassen ohne Rath eines Reichstages eine Matrikel.

Diese Machtfülle, die so plötzlich dem Träger der Krone zufiel, auszuüben vermochte derselbe nur dann, wenn er eine nationale Idee ergriff, wenn ihm eine moralische Macht zur Seite stand, welche die unendlichen Bedenken und Winkelzüge, die das deutsche Staatsleben kennzeichneten, eine Zeit lang zurückdrängte. Denn freilich: mit den realen Garantien stand es bei so einem gemeinen Zug schlimmer als sonst irgendwo. Selbst gegen die Strafandrohungen für die Ungehorsamen, die sonst das regelmässige Ende aller Mandate der kaiserlichen Kanzlei bildeten, muss man Bedenken gehabt haben. Wenigstens fehlen sie den meisten Aufgebotsschreiben, und wo sie sich finden, sind sie eher ein Zeichen jener

---

[23]) Müller, R. Th. und Fr. V. Vorst. III. p. 619.
[24]) ibid. p. 682.
[25]) Janssen, No. 492.
[26]) So 1488 an Köln. Janssen, No. 644 und 645
[27]) So 1474. Müller p. 649.

verzweifelten Stimmung, die um so energischer redet, je
weniger Hoffnungen sie auf den Erfolg der Rede setzt.[28])
Den wahren Hebel dieser Unternehmungen bezeichnete
vielmehr Herzog Albrecht von Sachsen, wenn er 1474 schrieb:
Wenn auch alle Pönen unterbleiben sollten, so würde ihn
doch der Schimpf im Lager zurückhalten.[29]) Das zeigt, wie
die Fürsten von dem nationalen Eifer nicht nur ergriffen
waren, sondern durch die Rücksicht auf ihn auch in ihrer
Handlungsweise bestimmt wurden.

Wie sehr eine solche Einrichtung, deren Formen nur
durch den unmittelbaren Zweck bestimmt wurden, Maximilian's Wünschen entsprechen musste, ist ersichtlich. Es
schien in seiner Hand zu liegen, sie jederzeit neu zu beleben.
Nur musste er hierzu auch wiederum jene Theilnahme erwecken, musste er die öffentliche Meinung gleichsam zu
überrumpeln und mit sich fortzureissen suchen. Fand sich schon
1474 unter den anderen auch ein Ausschreiben an alle Räthe
und Gemeinden im Reich allenthalben[30]), so richtete nun
Maximilian seine Aufgebote ausdrücklich an alle Stände, vom
Kurfürst herab bis zum Bauer.[31]) Mit ihnen begann er jene
populäre Journalistik, deren wir schon oben gedachten.

Aeltere Fürsten, die noch nicht von den reichsständischen
Ideen ergriffen waren, hatten gegen jene Handlungsweise
nichts einzuwenden[32]), so lange nur der Grundsatz gewahrt
blieb, dass die Landsassen mit ihren Herren zogen.[33]) Man
konnte füglich das Recht des Königs, solche Aufgebote
ergehen zu lassen, nicht bestreiten, nachdem man ihnen
zweimal Folge geleistet; zumal noch der Mangel jeglicher
Executivbestimmungen es Widerwilligen sehr leicht machte,
sich der Leistung zu entziehen. Für jene Richtung aber,
welche Kurfürst Berthold vertrat, war es eine Lebensfrage,
dass die Reichsstände Beschlussfassung und Regelung der

---

[28]) An Stelle der Pönen allgemeine Ermahnungen, z. B. Klüpfel p. 141.
Janssen No. 709. Eine Pön bei dem aussichtslosen Mandat, 11. Febr. 93,
bei Chmel. Reg. Frid. und Klüpfel p. 140.
[29]) Müller. Ratgt. unt. Friedr. p. 706.
[30]) Müller a. a. O. p. 682.
[31]) z. B. Janssen No. 719 u. a. m.
[32]) z. B. Albrecht Achilles 1495. Minutoll No. 131 und 132.
[33]) Festgestellt 1474. Müller p. 684 u. p. 886.

Hilfen völlig und stets in ihre Hand bekamen. Es blieb ihren Anhängern der passive Widerstand gegen die Gebote und deren unmittelbare Bekämpfung auf den Reichstagen.

Schon vor dem Zuge gegen Brügge hatte Friedrich, vielleicht unter dem Einfluss seines Sohnes, die Zustimmung der Reichsversammlungen von Speier[34]) und Nürnberg[35]) nachgesucht, um den grossen Frankfurter Anschlag, der neben der auch schon spärlich eingehenden eilenden Hilfe aussichtslos war, in einen gemeinen Zug umzuwandeln. Der Widerspruch, den dieser Plan erfuhr, zeigt aufs Deutlichste, wie wenig man geneigt war, diese Züge als ordnungsmässige Mittel anzuerkennen. [36]) Bereits das nächste Jahr — in ihm erfolgte der Zug nach Brügge — zeigte, wie ein gemeiner Zug doch die wirksamste Form der Reichskriegführung sei. Um so mehr machte das Maximilian entschlossen, das Werkzeug nicht aus der Hand zu geben und durch die Erregung der öffentlichen Meinung die Nation zur Theilnahme an seinen Unternehmungen mit fortzureissen, ehe die Reichstage mit ihrer Bedenklichkeit und Weitschweifigkeit dazwischen kamen. Gelang es ihm, auch nur einzelne Stände zur Theilnahme zu bewegen, so konnte er in dieser Nation, der das „Eingang machen" alles galt, schon hierdurch einen Druck auf die Reichstage ausüben.

Nun folgte ein Aufruf dem andern. Gleich nach König Matthias' Tode erschien (19. April 1490) ein Aufgebot gegen Ungarn.[37]) Kein Fürst rührte sich,[38]) doch Maximilian war zufrieden, vom schwäbischen Bunde eine Abfindung zu erhalten, dafür stellte er das Mandat 3 Monate in Ruhe.[39]) Unterdess verfolgte er seinen Siegeslauf in Oesterreich, erweckte dort einen unglaublichen Enthusiasmus[40]) und wie leicht

---

[34]) Minutoli No. 227—230.

[35]) Janssen No. 620—640 passim.

[36]) Die Städteboten erliessen deshalb ein Rundschreiben Janssen No. 628, die Frankfurter energisch ablehnende Antwort No. 631. Auf dem R. T. durch die Fürsten Zurückweisung „aus vielen Gründen", ohne dass man dieselben anzuführen für nöthig hält. No. 626 u. 640.

[37]) Janssen 682.

[38]) Klüpfel p. 78.

[39]) Klüpfel p. 88.

[40]) Tichtel, Tagebuch a. a. 1490 in Fontes rer. Austr. Bd. 1, p. 53.

verbreitet sich nicht ein solcher in weitere Gebiete. Der König beschloss, ihn zu nutzen. Die Wahl des Slaven Wladislaus zum Ungarnkönig schien den Krieg neu entfachen zu müssen; durch eine Proclamation mit ausführlichen politischen Auseinandersetzungen suchte Maximilian dieselbe als eine nationale Gefahr hinzustellen.[41]) Nimmermehr, war seine Meinung, dürften es die Deutschen zugeben, dass sich an ihren Grenzen die 3 Reiche Polen, Böhmen und Ungarn vereinigten. Er wählte die schärfere Form des gemeinen Zuges, indem er den einzelnen Berufenen bestimmte Zahlen vorschrieb. Diesem Missgriff scheint er später die geringen Erfolge seines Ausschreibens zugeschrieben zu haben, wenigstens änderte er bei einer Erneuerung des Mandats dasselbe zu einem unbestimmten um.[42]) Auf den 23. April hatte er den Beginn des Zuges festgesetzt. Schon war aber ein Reichstag unvermeidlich, es war bald bekannt,[43]) dass auf demselben auch von diesem Mandat werde gehandelt werden. Da konnte der Erfolg nicht mehr zweifelhaft sein. Bald nach dem Beginn des Nürnberger Tages am 11. April 1491 verkündete der König: da der Zug Weite des Wegs halben wohl etwas schwer sein werde, habe er ihn mit Rath, Wissen und Willen der jetzt versammelten Kurfürsten und Fürsten abgestellt.[44]) Auf die Dauer liess sich Maximilian von dem eingeschlagenen Wege nicht abschrecken. Zwar war ihm in Nürnberg eine Hilfe gegen Frankreich zugesagt worden, aber der bairische Krieg hatte sie verhindert,[45]) auch schien die Sachlage durch den Raub der Gemahlin des Königs, durch die Verstossung seiner Tochter ganz verändert. Die Ehre der deutschen Nation war durch Karl VIII. kaum weniger verletzt, als 1488 durch die Flamländer; diese Empfindung ging durch das ganze Volk. Damals sangen die Reiter Maximilian's am Niederrhein die Perle des historischen Volksliedes „das Fräulein

---

[41]) Janssen No. 683.
[42]) Janssen No. 684 (27. Nov.).
[43]) Klüpfel p. 91.
[44]) Janssen No. 685.
[45]) cf. darüber Maximilian's Auseinandersetzungen in seiner Constanzer Denkschrift bei Spalatin a. a. O. und die Acten des schwäb. Bundes Klüpfel p. 92 ff.

von Brittannia",[46]) Flugblätter mit gereimten Sprüchen verbreiteten die Erzählungen über Deutschland,[47]) selbst die
Humanisten fühlten sich veranlasst, ihre streitbaren Gedichte
in die Sprache des Volks zu übertragen.[48]) Diese Strömung
suchte Maximilian zu benutzen, als er am 4. Juni 1492 in
beredten Worten ein gesammtes Aufgebot ergehen liess.[49])
Wenigstens insoweit fügte er sich dabei den kundgegebenen
Ansichten der Stände, als er mit der Sammlung der Truppen
einen Reichstag in Metz zu verbinden gedachte. Da, wo die
allgemeine Stimme an öffentlicher Stelle noch am ersten zum
Ausdruck gelangen konnte, auf der Versammlung des
schwäbischen Bundes, äusserte sie sich in der Weise, wie es
der König erwartet hatte. So schwer man auch an den bisherigen Hilfen zu tragen habe, meinte man, so werde man
doch auch diesmal helfen müssen, „da der Handel so bös sei."[50])
Zu einer anderen Zeit hätte wohl dieser Anstoss genügt, um
eine allgemeine Erhebung hervorzurufen, jetzt stand dem Könige
eine Partei gegenüber, die sich grundsätzlich der öffentlichen
Meinung verschloss und jedes Ereignis nach den Aussichten
beurtheilte, welche es für ihre Pläne ergab. Als die Landsknechte des Bundes ins Feld rückten, fanden sie nur noch eine
geringe Truppe, die Nürnberg gestellt hatte.[51]) Die Fürsten
erschienen wohl in Coblenz, aber ohne Hilfe, und gleich ihre
ersten Beschlüsse kennzeichneten die Stellung, welche sie
Maximilian gegenüber einnahmen. „Sie wollten wohl, dass
dem jüngsten Abschied, in Nürnberg beschlossen, in diesem
Handel Folge geschehen wäre, und die königliche Majestät
vor Ausschickung der Mandat ein Ausschreiben zu einem
Tage in dem Reiche gethan hätte, und Kurfürsten, Fürsten
und Stände des heiligen Reichs beschrieben und mit Rath

---

[46]) Liliencron II. No 180.
[47]) Liliencron II. No. 179.
[48]) oder übertragen zu lassen. (Gödeke, Grundr. § 139. 39, erwähnt
eine Flugschrift mit bez. Gedichten von Jakobus Sletzstadt etc., es sind
dies Uebertragungen der lateinischen Controversgedichte Wympheling's
und Gaguin's, die unter andern bei Müller R. Th. u. Max. I. gedruckt sind.
[49]) 4. Juni 91. Janssen No. 701.
[50]) Klüpfel p. 132 (1. Juni 92), selbst der schwäbische Adel wollte
etwas thun. Klüpfel p. 134 (9. Aug.).
[51]) Klüpfel, 17. Sept., p. 136 f.

diesen Handel und Zug vorgenommen."[52]) Dass sich einzelne
Stände voreilig dem Ausschreiben folgsam bewiesen, so
unbedacht einen „Eingang zur Hilfe" gemacht hätten, erregte
Unzufriedenheit. Solche traf Kurfürst Berthold's besonderer
Tadel. Damals einigte man sich zuerst in der Richtung der allgemeinen Reichssteuer. Als sich nun aber gegen den
Coblenzer Abschied von allen Seiten Widerspruch erhob,
und die, welche ihn festgesetzt hatten, am wenigsten daran
dachten, seinen Bestimmungen nachzukommen, griff Maximilian
doch wieder auf den gemeinen Zug zurück. Es war freilich
ein verzweifelter Versuch, wenn er die ganze kaiserliche
Autorität in die Wagschale zu werfen gedachte, sich von
seinem Vater Vollmacht geben liess, an alle einzelnen Stände
Forderungen zu stellen[53]), wenn grade dies Mandat „so
swer mit Penen, mit Tax und bestimmtlich Anzahl" ausfiel.[54])
Der schwäbische Bund leistete auch damals einige Hilfe, um
zugleich des Koblenzer Anschlags, dieses Mandates und seiner
Bundespflicht gegen den König als Genossen erledigt
zu sein. Unzufrieden mit so geringen Erfolgen, erliess Maximilian bald ein neues Pamphlet an das gesammte deutsche
Volk[55]), in dem er, um dem Vorwurf eines allzuschnellen
Aufgebens der Koblenzer Beschlüsse zu entgehen, ein
tumultuarisches Aufgebot mit einer selbst erfundenen Art
von Reichssteuer verband. Ein Reichstag, der ihm doch
unvermeidlich schien, sollte erst beim Beginn des Zuges
zusammentreten und etwa die Functionen eines Kriegsraths
ausüben. Durch das Aufdrängen der vollendeten Thatsache
suchte er die Stände mit in den Strudel seiner Politik zu
ziehen; aber bei der geschlossenen und unter Berthold's Leitung
wohl organisirten Opposition, die ihm jetzt gegenüberstand,
waren diese Versuche aussichtslos.[56])

---

[52]) Janssen No. 709. (Koblenzer Handlung.)
[53]) Klüpfel p. 140. Chmel. Reg. Fr. 11. Febr.
[54]) Klüpfel p. 141. (Remonstration.)
[55]) Janssen, No. 719.
[56]) Wie leicht es früher möglich war, durch unvermuthete Wendungen
eine ganze Versammlung zu überrumpeln, zeigen die interessanten Vorgänge
1487 am Ende des Nürnberger Tages. Sie gaben die Gelegenheit für Berthold,

Das zeigte sich erst recht im Jahre 1495. Das Ausschreiben zum Wormser Tage war wiederum ein Aufruf zu
einem gemeinen Zuge. Die Herren und Städteboten sollten
sogleich mit ihren Contingenten erscheinen, nach kurzer
Berathung und Anordnung des Krieges — Maximilian meinte,
14 Tage würden genügen — wollte man gegen Italien auf-
brechen.[57]) So leichten Kaufs war denn doch die ständische
Partei nicht zu beseitigen. Schon begannen ihre eigenen
Ideen auf den König ihre Anziehungskraft auszuüben.

Leicht bestimmbar und allem Neuen zugänglich, wie Maximilian war, gab er sich jetzt den Plänen einer Reichssteuer hin.
Nach manchen Richtungen entsprachen dieselben seinen bisherigen Anschauungen. Eine unmittelbare Heranziehung und
Betheiligung des Volks sollte auch hier erreicht werden, und
die geregelten Organisationen, welche Berthold im Sinne
hatte, schienen hierbei bessere Dienste leisten zu müssen,
als die zerfahrene journalistische Bearbeitung der öffentlichen
Meinung. Ungeduldig drängte jetzt Maximilian nach diesem
Ziele, unvorsichtig gab er stets selbst zu erkennen, wohin
seine eifrigsten Wünsche gingen. Schon in Koblenz hatte
er erklärt[58]): zu allem sei er bereit, wenn man ihm eine
beständige Steuer auf das Reich zugebe, dann in Worms
stellte er sofort eine solche „nicht auf 1 oder 2, sondern auf
10 oder 12 Jahre, als nothwendig hin.[59]) Weit fester als die
Urheber der Steuerpläne war er jetzt von der Untrüglichkeit
derselben überzeugt. Er hielt es für möglich, ein gering-
fügiges Anlehen auf die gesammte Bevölkerung Deutschlands
als directe Steuer zu vertheilen.[60])

Maximilian mochte Gedanken, die nicht in seinem eigenen
Kopfe erwachsen waren, sich rasch anpassen, ebensoschnell
gab er sie wieder auf. Die Ueberzeugung, dass es mit der
mechanischen Regelmässigkeit und Gleichmässigkeit der Erhebung nichts sein werde, musste sich ihm aufdrängen,

---

sein überwiegendes parlamentarisches Talent zu entfalten und den schon
halb geglückten Versuch des Kaisers schliesslich doch scheitern zu lassen.
Janssen, No. 640. Lehmann, Chr. Spir. a. a. 1487 etc.

[57]) Datt. p. 495 f.
[58]) Janssen No. 709.
[59]) A. C. W. § 12.
[60]) A. C. W. § 41.

sobald er der Beeinflussung der Reichstage entgangen war. Nicht eben vorsichtig sprach er dieselbe auch Leuten gegenüber aus, die nur auf Ausflüchte lauerten, sich der Leistung mit dem Schein guten Fuges zu entziehen.[61]) Damals rieth dem Könige ein kluger Freund, er solle unermüdlich alles nur Mögliche thun, auch wo gar keine Aussichten auf Erfolg seien, allein um des Eindrucks auf den Reichstagen willen.[62]) Eine Vorsicht, die gewiss nothwendig war bei der Kampfesweise der Gegner, die bemüht waren, für Maximilian besondere Schwierigkeiten aufzubauen, um bei etwaigem Misslingen die Schuld allein auf ihn wälzen zu können.[63]) Das leuchtete ihm ein. Daneben hatte er aber noch unmittelbare Interessen. Er musste sehen, das Anlehen herauszubekommen, das ihm zum Entgelt für sein Nachgeben in Sachen des Kammergerichts bewilligt war. So that er denn alles, um Zusagen zu erhalten; nach allen Seiten Deutschlands sandte er seine Räthe[64]); mit Drohungen, mit Unterhandlungen, die sich zuweilen gar nicht mehr auf dem Boden der Reichsabschiede bewegten, suchten diese seine Schüler zu wirken, bei einzelnen zeigte sich eine beinahe demagogenhafte Betriebsamkeit.[65])

Die Geneigtheit, welche Maximilian diesem Theil der Pläne Berthold's entgegenbrachte, erklärt sich aber erst völlig aus den Umänderungen, die sich mittlerweile zumeist durch ihn selber im Kriegswesen vollzogen hatten.

Es war die Ueberzeugung, dass ein gemeiner Zug die einzig mögliche Form sei, die Kräfte der Nation wachzurufen, was den König bisher hatte handeln lassen; in der Einrichtung selbst lag wenig Anlockendes. Ein Lehensaufgebot der einzelnen Territorien, ein jedes geführt von seinem Fürsten, auch die Truppen der Städte, jede unter eigenem Hauptmann, durch Tracht, oft auch durch Bewaffnung und Uebung von einander geschieden, welche Schwierigkeiten für den obersten Befehlshaber!

---

[61]) Wie sein Schwager Albrecht. Bair. Ltgh. B. IX. p. 358 f.
[62]) Chmel. Act. No. 87.
[63]) z. B. A. C. W. § 60 f. cf. meinen gemeinen Pf. p. 33.
[64]) Chmel. No. 100, No. 140. Klüpfel p. 240. Bair. Ldtgh. a. a. O Schreiben wie das bei Klüpfel p. 175 f., 17. Nov. 95, hatten nichts gefruchtet und man hatte sich auf Seiten der Reichsstädte, 8. Juni 96, Klüpfel p. 198 f., sogar zu gemeinsamer Renitenz verbunden.
[65]) Ihre Instruction bei Datt. p. 548 f., 25. Mai 1496.

In der That lag in der Belebung des Sondergeistes, in
dem Wachrufen der Eifersucht zwischen den einzelnen
Landschaften und Ständen das beste Mittel, die Kräfte
zum Wetteifer anzuspornen.[66])
Dem gegenüber bot sich jetzt in den Landsknechten eine
Streitmacht, jederzeit gerüstet und bereit, sobald man ihrer
bedurfte, eine geschlossene Classe von Berufssoldaten, je
länger, je mehr von dem Gefühl des Zusammenhanges, dem
Stolz der Kaste belebt! Und sie blickten auf Maximilian
„wie auf ihren gemeinschaftlichen Vater", er selbst fühlte
sich als solcher, war ihrer unbedingten Anhänglichkeit, ihres
Gehorsams sicher, sobald er eines hatte — Geld. Hier liegt
der Schlüssel für des Königs Interesse an den Steuerplänen.[67])
Noch später hat Maximilian im schwäbischen Bunde, wo
vorhandene geordnete Organisationen für eine Ausführung
grössere Garantien boten, eine Steuer auf die Landbevölkerung durchzusetzen gesucht, damit der Bauer zu Hause
bleibe und das Land baue, während eine feste Truppe von
2000 Mann im Felde läge.[68]) Nicht als ob er auch jetzt noch
ein Volksaufgebot an der richtigen Stelle nicht geschätzt und
verwerthet hätte. In dem Kriege gegen die Schweizer spielten
die Tiroler Bergleute eine bedeutende Rolle; diese
„Schmucker" traf der Hass der Feinde kaum weniger als
die Landsknechte.[69]) Es zeigte sich auch bei ihnen, dass die
persönliche Unabhängigkeit, welche Maximilian ihnen in vollem
Masse zugestand[70]), die beste Gewährleistung der Wehrhaftig-
keit sei. Im bairischen Kriege bot der König sogar die gesammte Bevölkerung zur Belagerung Kufsteins auf, und
lebhaft schildert uns ein Volkslied den Schrecken der Be-
lagerten, als sie von der Höhe der Festung herab das ganze
Innthal auf und abwärts „voll stolzer Bauern" sahen.[71]) Es

---

[66]) Das Verhalten Albrecht Achilles gegen die Städtetruppen bei Neuss.
[67]) Seb. Franck, Chron. d. Deutsch., setzt die völlige Ausbildung
des Landsknechtswesens eben 1496 und schildert lebhaft bedauernd die
Umänderung, die durch das Abkommen der gemeinen Züge hervorgerufen sei.
[68]) Schreiber. Urkk. v. Freiburg. II. p. 657.
[69]) Liliencron No. 205.
[70]) Eine eigene interessante Auseinandersetzung Maximilian's in
Weisskunig „von den Bergkwerken".
[71]) Liliencron No. 245. Das Lied aber hat selbst „ein freier Landsknecht guet" gedichtet.

schien sich nun jetzt in den Landknechten eine Form zu bieten, welche die Vorzüge des Volksheeres mit denen der Berufssoldaten verband. Allgemein wurde die Entstehung dieser Truppe von den Zeitgenossen auf Maximilian's persönlichen Einfluss oder doch auf seine Kriege zurückgeführt.[72] Wenigstens für die oberdeutschen Landsknechte wird man diese Ansicht gelten lassen können. Allerdings wird man auch hier bei Maximilian nicht sowohl tiefere Conceptionen als die Virtuosität vorhandener Regungen sich zu bemeistern und mit ihrer Hilfe dauernde Schöpfungen hervorzubringen, suchen dürfen. Damit sich in Deutschland ein den niedern Schichten der Bevölkerung angehörendes Fussvolk herausbilde zu einer Zeit, in welcher noch eine Wiederbelebung der adligen Gensdarmerie Frankreichs möglich war, musste vom Volke selbst der Anlass ausgehen. Er lag in den Burgunderkriegen, die das Selbstvertrauen des Volkes auf seine eigene Kraft überall so mächtig gestärkt hatten. Die Bewaffnung und Organisation der Eidgenossen blieben seitdem den unternehmungslustigen Söldnern das Muster der eigenen Einrichtungen. Selbst den Namen der Schweizer legten sie sich bei, mochten sie gleich von Franken oder vom Rhein her gebürtig sein.[73]

---

[72] cf. die Zusammenstellung bei Barthold. Frundsberg p. 9., hinzuzufügen ist eine sehr entschiedene Stelle bei Kirchmaier, Denkwürdigk. c. 1 in Fontes rer. Austr. SS. B. 1. Freitag, Bilder etc. in Capitel: Die Landsknechte, spricht dagegen Max so gut wie alles Verdienst um die Ausbildung der Landsknechtstruppe ab, er zeigt aber nur, dass schon vor Max eine grosse Anzahl Söldner in Deutschland vorhanden war, damit diese zu Landsknechten wurden, gehörte noch die tactische und sociale Organisation hinzu.

[73] Pirkheimer, bell. Suit. lib. 1. Vincenzo Quirini. Relazioni di Germ. bei Alberi VI. die bedeutendste und in jeder Beziehung zu Grunde zu legende Darstellung des Landsknechtswesens in seiner früheren Epoche. Ranke stützt sich mit vollem Recht oft, namentlich in der Betrachtung der kritischen Jahre 1504—7, auf Quirini. Seitdem sind noch von Erdmannsdörffer die Depeschen Qu., im Auszug, Ber. ds. sächs. Ak. Jahrg. 1857, publicirt. Trotzdem weiss Gachard, in der Collection des annales Belgiques, Jahrg. 1876, nichts von diesen Publicationen, kennt nur die im 1. Band der Relazioni abgedruckten Berichte Qu. über Burgund etc. und giebt einen Auszug aus einer Pariser Handschrift der deutschen Relazion als etwas durchaus Neues.

Aus diesen vereinzelten Ansätzen eine organisirte Streitmacht geschaffen zu haben, das ist vor allem Maximilian's
Verdienst. Auf die Ereignisse der Burgunderkriege führte
sich auch sein Wunsch, das Kriegswesen volksmässig zu
gestalten, zurück. Auch er nahm für die Organisation jener
zu schaffenden Macht die Schweizer zum Vorbild, aber die
Formen, welche er von dort entlehnte, mussten, auf so verschiedene Verhältnisse angewandt, selbst ihre Bedeutung
ändern, denn von vornherein war der Landsknecht dauernd,
der Schweizer nur zeitweise Berufssoldat. Die Anhänglichkeit
des Schweizers an die Sturmfahne seines Orts, deren Entfaltung
ihn aus jedem Soldverhältnis zurückrief, erschien bei den
Landsknechten als ein fast religionsartiger Cultus des „Fähn-
leins", des Symbols des Zusammenhaltens. Wie hätte sich
auch jene Verknüpfung mit dem Boden der unmittelbaren
Heimath bei ihnen herausbilden können. Mochte gleich der
Name Landsknechte schon die Beziehung zu den österreichischen Territoriallanden enthalten, so meinte doch Maximilian
selbst: spräche er als natürlicher, geborener Herr zu diesen
seinen Unterthanen, so werde es nicht viel nützen.[74]) Was
geeignet war an die Stelle dieser Heimathsliebe zu treten:
das Gefühl für den Zusammenhang und den Ruhm der Nation,
das blieb, so lebhaft es auch vor und in der Reformation
bei den Landsknechten hervortritt, doch zu unbestimmt, fand
in den wirklichen Verhältnissen zu wenig Anhalt und stand
auf die Dauer dem Gedankenkreise des Söldners überhaupt
zu fern, als dass es dem Kastenstolz des Berufssoldaten hätte
die Wage halten können.

Maximilian suchte auch hier mit beiden Kräften zu
arbeiten. Ein festes Zusammenhalten musste ihm um so
wünschenswerther sein, je weniger es seine Geldmittel ihm
erlaubten, eine kostspielige Truppe dauernd zu besolden, und
die Trennung von den anderen Bevölkerungsklassen, die
stolze Verachtung der Bauern erhöhte den Einfluss des
geliebten Führers. In diesem Sinne bestärkte er auch den
natürlichen Hass der Landsknechte, der Berufssoldaten, gegen
die Schweizer, die kriegerischen Bauern, ohne denselben recht
zu theilen.[75]) Aber zugleich rief er sie als Deutsche gegen

[74]) Kirchmaier. Denkw. a. a. O.
[75]) So in der wohl ziemlich authentischen Rede b. Kirchmaier Denkw. a. a. O.

die Abtrünnigen, hierin mit Berthold übereinstimmend [76]), und
niemals hat er die ursprüngliche Vorstellung aufgegeben,
dass die Landsknechte eine nationale Truppe, die wehr-
haften unter dem Volk der starken, kühnen, mannlichen
Deutschen [77]) seien. Er wollte nicht nur wie der Vater der
Landsknechte zu seinen Kindern, sondern wie der Kaiser zu
der deutschen Nation reden. Darum trat auch in den
hoffnungsreichsten Jahren seiner Regierung diese Seite besonders hervor. In seinen Erblanden dachte er damals an
eine regelmässige Miliz, wie denn auch später vermöge der
grossen Zahl den Landvoigteien Schwaben und Tirol ent-
stammender Landsknechte dies Ziel einigermassen verwirklicht
schien. Der Entwurf einer Instruction [78]) vom Jahre 1502 zeigt,
wie er dabei im Einzelnen verfuhr. Hier ordnet er eine
Musterung aller Waffenfähigen an, jeder Brauchbare solle
gefragt werden, ob er sich mit Harnisch, Wehr und Schuhen
versehen könne und dem König um Sold dienen wolle.
Diese Anforderungen blieben für den Eintritt unter die Landsleute dauernde Bedingungen. Wo Max als Landesherr
nicht befehlen konnte, da wirkten doch seine Manifeste. [79])
So in Franken. Der Reichssteuer war hier wie anderwärts
nur Widerstand entgegengetreten, aber jene von Maximilian
selbst durch den Druck verbreiteten Aufrufe, die den Kurfürst ebenso wie den Bauer zur Hilfe aufboten, erregten sie
tief. Sie wählten Abgesandte, Männer aus ihrer Mitte und
Pfarrer; diese trugen dem Markgrafen den Wunsch vor, als
Landsknechte dem König zuzuziehen. [80]) Nicht ohne Ge-
nehmigung ihrer Landesobrigkeit wollten sie die Heimath
verlassen. Anderwärts, im schwäbischen Bunde, suchte der
König durch Unterhandlung zum Ziel einer Miliz aus den
Reihen der Bauern und von diesen erhalten zu gelangen. [81])

[76]) So besonders der Aufruf bei Anshelm II p. 375.
[77]) Seine Anrede an sie.
[78]) Chmel. No. 289.
[79]) So das ausführliche vom 23. Mai 1496, welches zum Solddienst
auffordert; nur an Adel, Städte und alle Unterthanen gerichtet mit Ueber-
gehung des Landesfürsten. Beglaubigte Abschriften (neben den ausgesandten Drucken) wurden von ihm in 38 Städten (Reichsstädten 16, Land-
städten 22) niedergelegt, bei Datt. p. 546 ff.
[80]) Linturius a. a. 1497.
[81]) cf. oben p. 68.

In grossartigster Weise tritt aber dasselbe Princip im Augsburger Abschied auf. Kein bureaukratisch geordnetes Steuersystem, sondern eine Wehrhaftmachung des Volkes! Aus dem besitzenden Bauernstande geht die Miliz hervor und keine umständliche Verwaltung drängt sich zwischen die steuernde Bauernschaft und den besoldeten Landsknecht. Wir sahen, wie weit entfernt eine solche Einrichtung von den Ausgangspunkten der reichsständischen Partei war, wie nur die unabweisbare Erfahrung sie in diese Richtung treiben konnte. Jetzt werden wir dieselbe wohl die Richtung Maximilian's nennen können. Zeigten dies nicht die Bestimmungen der Reichsmilizordnung selbst, die Betrachtung der Ereignisse würde es lehren.[82])

Wie rücksichtslos auch Berthold und seine Partei dem Könige damals ihre Pläne aufdrängten, wie schwer sie ihn auch die Misserfolge, an denen sie selbst die meiste Schuld trugen, büssen liessen, so mussten sie ihm doch für die Entsagung auf der einen Seite einen Vortheil auf der anderen zugestehen. Wie sie die Reichsverwaltung ganz nach ihrem Sinn einrichteten, so mussten sie ihm ein Reichsheer ganz nach seinem Sinne zu Gebote stellen. So lag selbst in der Wahl Herzog Albrecht's von Baiern als Vertreter der Reichsinteressen beim Heer ein Entgegenkommen gegen Maximilian.[83]) Deshalb nahm sich auch der König, wie einst des gemeinen Pfennigs, so jetzt der Reichsordnung an, als wäre

---

[82]) Noch in dem grossen Manifest, 12. Nov. 1503, welches Max gegentlich der Stiftung des Georgensordens ausgehen liess, Datt. p. 214—221 (deutsch u. lat.) stellt Maximilian die anfänglichen Beschlüsse des Augsburger Tages als segensreich und als sein Werk dar, r. B. p. 218: „und wiewol im anfang derselben versammlung alle händel und sachen der Christenheit und des heiligen Reiches trefflich erwogen, so worde doch zuletzt von dem bösen sein saam darein gesehet, und zwischen uns allen eine solche verachtung erschöpft, dass nachzumal gegen den unglaubigen oder sonst der Christenheit und dem Reiche zu guet nichts austrägliches gehandelt oder fürgenommen worden ist."

[83]) Der entgegengesetzten Ansicht ist Ranke, welcher in der Ernennung Albrecht's einen Act besonderer Feindseligkeit erblickt. Allein Max hatte mit seinem Schwager nie persönliche Differenzen, seine Vertraulichkeit wurde von diesem gradezu ausgebeutet (cf. oben p. 67), selbst den Regensburger Krieg hatte Max sehr ungern unternommen (cf. Klüpfel u. noch die Constanzer Denkschrift bei Spalatin a. a. O.), im Schweizerkrieg war

sie sein eigenes Werk. Es ist bezeichnend, dass die Stände von Baiern-München, noch vor 2 Jahren die beschränktesten Partikularisten, jetzt mit Eifer und Umsicht allen Vorschriften nachkamen, sie hatten genügend Grund, sich den König geneigt zu erhalten, seitdem es bekannt war, dass Georg von Landshut sein Land den Pfälzern zuwenden wolle.[84]) Von den Städten scheint nur Augsburg, das von Maximilian so begünstigte — man nannte ihn scherzhaft den Bürgermeister von Augsburg — ernstliche Anstalten getroffen zu haben.[85]) Die anderen wollten alle ihren Theil nehmen, keiner den seinen geben. In seiner Agonie kam das Reichsregiment schon dazu, die neue Ordnung als einen Vertrag mit dem König darzustellen, den Säumigen zu drohen, wenn sie nicht ihre Verpflichtungen erfüllten, so werde auch jener sich nicht für gebunden halten. Sie sprachen hiermit die Rechtfertigung von Maximilian's nachfolgender Handlungsweise selbst aus.

Denn als der König nun sah, dass aus der Reichsmiliz nie etwas werden würde, als Berthold in den schimpflichen Unterhandlungen mit Ludwig XII. seine Stützen und Mittel ausserhalb suchte, gab er entschlossen alle Theilnahme an dem Werke der Reichsreform auf. Damals vollzog er die Aenderung seiner Politik, die Quirini so meisterhaft den Pregadi seiner Vaterstadt dargelegt hat, statt mit der Fürstenmajorität auf den Reichstagen zu kämpfen, zieht er die einzelnen in sein Interesse, macht sie von Oestreich abhängig und benutzt jede Gelegenheit, offen Widerstrebende zu demüthigen. Diese Rückkehr zu der alten Maxime *divide et impera* entsprach recht eigentlich seiner Natur, die im Wirkenlassen der Persönlichkeit und nicht in der Vertretung von Grundsätzen oder in der Bekämpfung von solchen ihre Stärke fand.

Auch in dem Verhalten des Königs zum Volke zeigte sich diese Aenderung. Waren früher bei ihm an die Stelle der gemeinen Züge der gemeine Pfennig und die Reichsmiliz

A. nach seinem Wunsch Feldherr gewesen, und eben jetzt war dieser durch die in Aussicht stehende Landshuter Erbschaftssache ganz an Max gebunden. Noch 1504 in Köln machte M. dem Reichstage wiederholt den Vorschlag, Albrecht zum Reichsfeldherrn zu ernennen. Müller R. T. St. p. 441 u. p. 447.

[84]) Bair. Ltgsh. B. IX. p. 458—520.

[85]) Gassarus, Ann. Augsburg a. a. 1500.

getreten, so sah er jetzt in der Ausbildung der Landsknechte
als Berufssoldaten, vor allem aber in der Erregung der öffentlichen Meinung auch ohne bestimmtes Ziel, die sichersten
Wege, sich die Mittel zu seinen Unternehmungen zu verschaffen. War nur Aufregung, die naturgemäss auch Befriedigung sucht, vorhanden, so traute er sich die Herrschaft
über die Geister zu, ihr das Ziel zu weisen. Das zeigte
sogleich die Art, in welcher er den unvermeidlichen Bruch
mit den Reichsständen vollzog. Er selbst meinte zwar, er
habe sich nur von ihnen zurückgezogen, damit sich alles
Weitere selbst erzeige[86]), in Wahrheit aber bemühte er sich
gradezu, den Zwist vor das Forum der Oeffentlichkeit zu
ziehen, Jedermann die Augen über seine Gesinnung zu
öffnen.[87]) Und nicht ohne Erfolg! Wandte er sich zu seinen
Landständen, ihnen die unwürdige Behandlung zu klagen,
die er als König erfahren, sprach er zu ihnen nur als öster-
reichischer Herzog, so konnte er sicher sein, dass diese seine
Sache wie die ihre empfanden.[88]) Seine Anhänger unter den
Humanisten ergingen sich in den heftigsten Invectiven gegen
die Reichsfürsten, gegen ihre Anmassung für des Vaterlandes
Wohl besser sorgen zu können als der Mann, der bisher
allein Deutschlands Ehre gewahrt und seinen Sturz abgewandt
habe.[89]) Aber auch Wimpheling, einst der begeisterte Lob-
redner des Wormser Reichstages, schloss jetzt das Buch, von
dem unsere nationale Geschichtsschreibung datirt, mit einer
strengen Tadelrede gegen die Deutschen, mit einer Ermunterung an den König, auf den in diesem Augenblicke die
Augen Aller gerichtet seien.[90]) Ja selbst in den Kreisen des
Nürnberger Kleinbürgerthums, das sonst behaglich selbst-
genügsam in den Interessen der engen Umgebung dahinlebte,

[86]) Sein Brief an Friedrich den Weisen bei Spalatin a. a. O. p. 139.

[87]) Die Ungnade, die er Berthold zeigte, die Abforderung des Siegels,
wurde sogleich besprochen. Klüpfel, 27. April 1502. Am wirksamsten
war aber die in mehrfacher Beziehung interessante Theaterscene, die er
vor der Versammlung des schwäbischen Bundes in Ulm, 24. Juni 1502,
spielte. Klüpfel p. 469.

[88]) cf. Ranke D. G.

[89]) So besonders Bebel in der interessanten Schrift „de laudibus
Germaniae", 1501 geschrieben. Es überbietet an Schärfe und Sarkasmus
alles, was damals gegen die Reichsreformpartei gesagt worden ist.

[90]) Wimpheling. Epitome, historiae Germaniae.

fing man an, das schroffe Auftreten des Königs gegen das
Reichsregiment, seine absichtlich eilige Durchreise besorgt
zu besprechen.[91]) Werfen wir an diesem Punkte einen Blick auf die Gesammtheit der politischen Verhältnisse zurück! Ein Experiment
hatte sich nach dem andern gedrängt, in jedem hatte das
Volk seine Rolle spielen sollen, zu dem Scheitern eines jeden
hatte sein Widerwille gegen die aufgedrungene Rolle beigetragen. Es war ihm nichts geblieben als das beunruhigende
Bewusstsein, dass Umgestaltungen der Reichsverhältnisse
angestrebt worden seien, dass es hatte besser werden sollen
und dass es nicht besser geworden war. Von der andern
Seite sucht der König planmässig und unermüdlich in den
weitesten Kreisen Theilnahme an seiner Politik zu erwecken.
Es gelingt ihm, aber wir mögen ihn mit dem Demiurg
der Gnostiker vergleichen; so viel er zu schaffen vermag,
nichts vermag er zu beherrschen, sein Wirken ist auch hier
nur anregend und aufregend. Zuletzt nun, wo er alle seine
Pläne zerfallen, alle seine Werkzeuge versagen sieht, wünscht
dieser Mann einen chaotischen Zustand herbei, fest überzeugt,
dass es ihm in einem solchen am leichtesten werden würde,
seinen Talenten und seiner Thätigkeit Raum zu schaffen.
Er greift zu Mitteln, deren Einfluss auf Meinung und Stimmung
des Volks ihm längst bekannt sind. So muss sich in den
Massen das Gefühl der Verwirrung, der Rathlosigkeit auf's
Höchste steigern. Sie noch zu vermehren und zugleich ihren
Ausbruch auf das religiöse Gebiet hinüberzuspielen, dienen
die Naturereignisse jener Jahre.

---

91) Deichsler a. 1501. Es war diese Durchreise das erste Zeichen des
Bruchs, cf. Ranke, D. G. I. a. a. O. Hinterher liess er sich nothdürftig durch
Nauclerus entschuldigen, das Regiment antwortete aber sehr scharf: es
hätten alle Nation fremder Gezunge, so zu Nürnberg gewesen, solchen
kurzen Abschied verstanden und an viel Oerter ausgeschrieben, als weren
Ihre Königl. Gnade in Unwillen und Ungnade vom Regiment geschieden.
Müller R. T. St. p. 90 f. In der nächsten Zeit verhielt sich Max noch
einmal abwartend, da das Regiment die letzten äussersten Anstrengungen
machte, die Durchführung der Reichshilfsordnung zu erzwingen. Cf. ihr
Rundschreiben. Müller R. T. St. p. 124—130.

Capitel III.

Nicht-politische Ursachen der Aufregung.

Das letzte Jahrzehnt des 15. Jahrhunderts hatte mit einer Reihe von Theuerungsjahren begonnen, schon 1490 schien das Loos der Armen in Süddeutschland selbst Trithemius, dem man sonst nicht eben Weichherzigkeit nachsagen kann, unerträglich.[1] Naturgemäss steigerten weitere schlechte Ernten die Noth in's Ungeheure. Besser als die vereinzelten Preisangaben kennzeichnet sie die Thatsache, dass in dem schlimmen Jahre 1493 nach den weniger betroffenen obern Maingegenden Schaaren von Tirolern kamen, um das gekaufte Getreide in heimischer Weise auf Saumthieren fortzuführen. Sie konnten bei einem Preise, der das Fünffache des Einkaufspreises betrug, noch einigen Gewinn erzielen.[2] Unter dem Eindruck dieses Nothstandes erfolgte im Elsass die erste socialistische Bauernverschwörung, die für die meisten folgenden Namen und Abzeichen „den Bundschuh" gab. Damals jedoch erstreckte sich ihre Bedeutung nicht über den Ort ihrer Entstehung hinaus. Obgleich wie gewöhnlich dem Nothjahre die Pest folgte, waren diese Schrecken, da sie nicht von politischen Eindrücken unterstützt wurden, nicht im Stande, grössere Bewegungen hervorzubringen.

Der Versuch zur Durchführung der Reichsreformen fiel dann in eine günstige Zeit. Man hat später gegen die Reichsteuer geltend gemacht, dass sie selbst unter diesen Umständen undurchführbar gewesen sei.[3] Zunächst verwüstete aber im Jahre 1499 der Schweizerkrieg das ganze südliche Schwaben und einen Theil Tirols. Denn man führte ihn wie

---

[1] Trithemius, Chr. Hirsaug. a. a. 1490.
[2] Linturius a. a. 1493.
[3] Kölner Abschied 1504.

einen Krieg von Stamm gegen Stamm. Die Briefe, welche die Eidgenossen ihren Einfällen voraussandten, drohten völlige Vernichtung,[1]) in einzelnen Landschaften, wie im Hegau, schien dies Ziel beinahe erreicht.[5]) Bekannt ist die Schilderung, welche W. Pirkheimer von dem Elende in den verwüsteten Strichen entwarf.[6]) Ganze Dörfer fand er von den Männern verlassen, die Weiber hatten sich zusammengeschaart, fristeten von Kräutern und Wurzeln ihr Leben, beobachteten mit stumpfer Gleichgültigkeit, wie sich täglich ihre Reihen mehr lichteten.

Auch weiter hinein im Bunde hatten die Niederlagen und Verluste Noth verbreitet und oft die Bande der alten Ordnung gelockert, als nun das Jahr 1500 für ganz Deutschland eine vollständige Missernte brachte. Bald nach derselben zeigten sich die Bundesbehörden, was bisher nie geschehen war, besorgt wegen des drohenden oder schon eingetretenen Nothstandes.[7]) Die Acten dieser Jahre zeigen eine auffallende Vermehrung der kleinen Händel, der kecken Räubereien und verwegenen Landfriedensbrüche. Mit einer Reihe von Polizeibestimmungen suchte man der Unsicherheit auf den Landstrassen abzuhelfen, aber das Uebel wuchs noch fortwährend, so dass im Herbst 1501 die Errichtung einer besoldeten Gensdarmerie, der streifenden Rotte, nöthig wurde.[8]) Unterdessen wuchs auch im übrigen Deutschland die Noth von Jahr zu Jahr. Nicht überall fiel in den nächsten Jahren bis 1501 die Ernte gleichmässig schlecht aus,[9]) aber doch auch nirgends so gut, dass einem fortwährenden Steigen der Kornpreise vorgebeugt worden wäre.[10]) Für die naturalwirth-

---

1) Klüpfel, 16. Feb. 1499, p. 288 f.
5) Klüpfel. Ungelters Berichte. Liliencron No. 240.
6) Pirckheimer, bell. Suit 1. II.
7) Klüpfel, 29. Sept. 1500.
8) Klüpfel, 29. Sept. bis 16. Oct. 1501, abgeschafft 17. Nov. 1502.
9) 1500 ist überall Missernte. Vigneulles, Trithemius, Gassarus, Anshelm etc. 1501 in Lothringen erträglich, Vigneulles, sonst überall völliger Ausfall. 1502 in Lothringen am schlimmsten, im übrigen Deutschland lässt die Hervorhebung von 1501 und 3, als den bösen Jahren, auf eine erträgliche Ernte schliessen. 1503 dann überall erneute Klagen.
10) Vigneulles constatirt Steigen bis 1503. Gassarus giebt für die ganze Periode die Augsburger (für Schwaben bis heut die bestimmenden) Kornpreise.

schaftende Landbevölkerung waren aber die eigentlichen Missjahre die drückendsten. Deshalb war das Jahr 1501, das zweite Missjahr, mit noch relativ niedrigen Preisen (so in Metz, in Augsburg freilich nicht), für die Bauern das schlimmste. Es fiel also der Höhepunkt der Noth zusammen mit der politischen Rathlosigkeit des Volkes. In der Bedrängnis jener Tage bewährte sich in Deutschland zuerst das Magazinwesen, auf der damals erreichten Stufe der Volkswirthschaft und Verwaltungsthätigkeit, jedenfalls die gebotene Einrichtung.[11]) Hier gab das Beispiel der Strassburger Rath; durch die Oeffnung seiner Magazine errettete er die Elsässer Landleute vom Hungertode; und dies diente dazu, den Vorzug der Magazinirung vor der rohen Methode, die damals z. B. der Augsburger Magistrat befolgte:[12]) Feststellung eines Zwangspreises, Aufkauf zu demselben und Weiterverkauf an Arme zu noch herabgesetztem Preise, deutlich zu machen.[13]) Kaum war die von der Natur verursachte Noth vorbei, so erneute für den grössten Theil Süddeutschlands der Landshuter Erbfolgekrieg das Elend. In einzelnen Strichen, besonders da, wo der von den brandenburgischen Markgrafen herangehegte Raubadel hauste, zog sich die Bevölkerung in die Wälder zurück, dort fand man dann verhungerte Bauern, noch Gras im Munde.[14])

Aber noch schrecklicher als die Hungersnoth waren die Epidemien, die sie begleiteten. Die Pest wüthete 3 Jahre hindurch, zu grösster Ausbreitung gelangte sie 1502. Damals starben in den Städten am Rhein bis zur Hälfte der Einwohner[15]), ähnliches hören wir aus Schwaben.[16]) Vorurtheilslose Beobachter wurden aufmerksam auf die fast regelmässige Aufeinanderfolge von Hungersnoth und Pest.[17]) Sie stritten

---

[11]) cf. über die historischen Bedingungen des Magazinwesens. Roscher. Kornhandel cap. 3.
[12]) Gassarus, Absch. Aug. a. a. 1501.
[13]) Trithemius, Chr. Hirs. Basellius, über den Einfluss dieses Beispiels, Mutius, Chron. Germ. a. a. 1501.
[14]) Linturius 1504. Liliencron No. 238 etc.
[15]) Trithemius, Chr. Sponh. 1502.
[16]) Trithemius, Chr. Hirs. 1502. Basellius ib. Nancler.
[17]) Mutius, Chr. Germ. 1502.

darüber, ob beide auf ein und dieselbe Ursache zurückzuführen seien, oder ob die Krankheit vielmehr die Folge des
Hungers sei, aber bei einer zweiten ruhrartigen Epidemie,
welche namentlich die Rheingegenden so heimsuchte, dass
kaum ein Haus ohne Kranken gefunden wurde, war man
anscheinend einig, sie auf die Folgen der schlechten Er-
nährung zurückzuführen. [18])
Der Eindruck, den diese Erscheinungen machten, wurde
noch übertroffen durch den Schrecken, welchen in eben diesen
Jahren das erste Auftreten der Syphilis hervorbrachte. Die
Verheerungen, welche die Krankheit bei ihrem Erscheinen
anrichtete, die aus Mitleid und Grausen gemischte Empfindung
der Zeitgenossen gegenüber den Betroffenen, die allmälige
Umänderung in der moralischen Auffassungsweise sind zur
Genüge bekannt, [19]) hier möge nur Einiges zur Feststellung
der Zeitverhältnisse erinnert werden. Die Ausbreitung fand
durchaus nicht in der Art einer Epidemie statt, wie man
Hutten's Darstellung zu deuten geneigt sein möchte. [20]) Zuerst
erschien die Krankheit in Augsburg, der Beherrscherin des
italienischen Verkehrs, und die Verheerung, die sie hier
anrichtete, wäre wohl geeignet gewesen, sie dem Volke als
eine neue furchtbare Geissel Gottes erscheinen zu lassen. [21])
Aber erst 2 Jahre später, 1496, erschien sie im mittleren
Deutschland, [22]) erst im Frühjahr 1497 in dem grossen Nürnberg [23]) und in den lothringischen Städten war sie sogar 1499
nur dem Namen nach bekannt. [24]) Erst in diesen und den
folgenden Jahren erscheinen dann überall die Aeusserungen
wahrhaften Entsetzens. [25]) Sie waren nur die Folge der

---

[18]) Trithem., Chr. Sponh. a. a. 1503.
[19]) cf. bes. Strauss. Hutten. Die lebhafteste Schilderung eines Zeitgenossen ist wohl bei Linturius a. a. 1496.
[20]) de Guajaci medicina. opp. ed. Böcking V.
[21]) Gassarus a. a. 1494. Grünbeck schrieb sofort eine Schrift wohl
im Styl seiner späteren.
[22]) Linturius a. a. 1496.
[23]) Deichsler, a. a. O. a. a. 1497 Mai, aber schon im Februar waren
Busspredigten über die Krankheit gehalten worden.
[24]) Vigneulles a. a. 1499.
[25]) Seb. Franck, Chr. d. Teutsch., setzt im Durchschnitt 1496 als das
Jahr fest, in dem die 2 Plagen, Landsknechte und Franzosen, in der
deutschen Nation Eingang gefunden hätten.

fürchterlichen Ausbreitung, die es möglich machte, dass Nördlingen z. B. seinen Beitrag zum schwäbischen Bunde 1505 kaum zahlen konnte, da sich seine Ausgaben für Krankenpflege durch die mala francosa verdoppelt hatten.[26]) Unter den mannigfachen Ausbrüchen religiöser Aufregung, welche diese Jahre erfüllen, findet sich auch eine unmittelbar durch die französische Krankheit veranlasste, längere Zeit anhaltende Wallfart. Ihr Ziel war die Marienkirche zu Grimmenthal in der Grafschaft Henneberg. Leidende sollten dort Genesung, die Anderen Sicherung vor der Krankheit finden. Diese Aussicht führte grosse Menschenmengen nach jenem Orte, weit über Deutschland hinaus erstreckte sich der Ruf der Wunderkraft desselben.[27]) Es ist klar, dass der Haupteindruck ebenfalls in die Zeit um 1500 fällt.

In der Literatur einer Epoche schlagen sich die Eindrücke des Lebens nieder. Wenn Gervinus die physische Krankhaftigkeit zum Grundzug der gesammten, der Reformation vorangehenden Literaturperiode macht, so liegt dem im Ganzen unbegreiflichen Urtheil ein Stück Wahrheit zu Grunde. Die hier geschilderten schreckenvollen Jahre haben mit dazu beigetragen, eine bedeutende Gruppe der Humanisten in eine fast ascetische, die Entsagung von der Welt mit der Satire gegen sie paarende Richtung hineinzutreiben. Diese Stimmung theilte sich jetzt selbst Männern mit, die gewöhnt waren, praktisch thätig ins Leben einzugreifen, die durchaus nicht darauf verzichteten, selbst Haltbares zu schaffen, die in ihrer Weltbetrachtung auch mit Freude aufsuchten und anerkannten, was Andere geschaffen hatten. So Nanclerus. Noch eben hatte er an Eberhard von Würtemberg gezeigt, wie der einzelne Mann sich bilden und wie er wirken könne. Noch eben hatte er in seiner Darstellung des Schweizerkrieges seine Landsleute mit schwerem Herzen zu den Feinden gewiesen, damit sie an ihnen lernten, wie ein Volk zu Kraft gelange und was es zu leisten vermöge. Und derselbe Mann schliesst jetzt sein grosses Werk mit einem trüben Weheruf über die Schlechtigkeit der Welt, er grübelt über das Unheil,

---

[26]) Klüpfel. März 1505.
[27]) Linturius a. a 1503.

das die Menschheit in den letztvergangenen Jahren erlitten: Hunger, Krieg, Pest, Franzosenkrankheit. Wie ein Bussprediger ruft er aus, Gott wolle hiermit die Menschen warnen, damit sie den Sünden entsagten. Diesen „Zeichen" nun fügt er aber als das grösste jener Wunder zu, die wir vielmehr als eine Folge der verzweifelten Stimmung betrachten werden und zu deren Darstellung wir uns jetzt wenden.

Capitel IV.

Die Kreuzwunder.

Wir haben bisher die inneren Ursachen der religiösen Bewegung ermittelt; um sie in ihrer äusseren Erscheinung zu verstehen, ist vor Allem eine Untersuchung der Formen, welche der Hang zum Wunderbaren zeitweilig angenommen hatte, nöthig. Für ein unentwickeltes Denken ist jede unerwartete Naturerscheinung ein Wunder; gegen das Ende des 15. Jahrhunderts war noch Niemand im Stande, den Causalzusammenhang in solchen klar zu legen; die einzigen, welche die Vorstellung einer gesetzmässigen Aufeinanderfolge aller Naturereignisse festhielten, waren thatsächlich die Astrologen. Andererseits stand aber doch dieses Zeitalter auf einer zu hohen Bildungsstufe, als dass eine wunderbare Erscheinung schon allein hinreichend gewesen wäre, besondere Erregung auch nur in einem kleineren Kreise hervorzubringen. Sie reizte schon mehr zur Neugier als zu religiöser Affection. Nur dass, wenn eine Erregung vorhanden war, sie sich am liebsten wunderbarer Zufälle als ihres Gegenstandes bemeisterte und auf solche Weise ihre Uebertragung auf das religiöse Gebiet vollzog. Denn noch vergeschwisterte sich jeder Ausbruch von Aufregung mit religiösen Vorstellungen. Ein weit ausgedehnter Meteoritenfall machte in der ruhigen Zeit von 1495 keinerlei Eindruck, obgleich man sogar gekrönte Häupter auf den Steinen zu erkennen glaubte.[1]) Wenige Jahre zuvor, als Maximilan auf alle Weise versuchte die Nation zu einem Krieg mit Frankreich zu drängen, hatte ein zu Ensisheim gefallener Meteorstein die grösste Aufregung hervorgerufen; als ein göttliches Wunderzeichen zu Gunsten des Königs hatte dieses Ereignis

---

[1]) Linturius a. a. 1495.

die Federn der lateinischen Dichter in Bewegung gesetzt
und in den populären Manifesten Maximilian's seine Rolle
gespielt.[2])

Gehen wir von diesen „sichtbaren Wundern" zur frommen
Mythe über, so fand in der Verehrung der Heiligen und ihrer
Reliquien, in der Erzählung der durch dieselben gewirkten
Zeichen, das Befürfnis des Wunderglaubens damals wie zu
allen Zeiten seine tägliche Befriedigung. Auch so waren sie
im Stande die Phantasie des Volkes anzuregen, sie boten
den willkommenen Anlass zu den mannigfachen Wallfarten,
in denen sich die merkwürdige Wanderlust jener Tage, das
Zeichen eines Ueberschusses von geistiger Kraft kundgab.
Je weiter entlegen der Wallfartsort war, um so mehr reizte
er auch die Phantasie des Pilgers. Palästina war
das Ziel der höheren Stände, St. Jago das der niederen;
überall war der Jacobsbruder eine wohlbekannte Gestalt.[3])
Von welcher Lebenslust im Allgemeinen diese Pilger beseelt
waren, lassen die Bestimmungen muthmassen, die man für
neu gestiftete Herbergen zur Aufnahme armer Waller nöthig
fand[4]), und die Schilderungen, welche von Pilgerfarten auf
uns gekommen sind, lassen dieselben fast im Licht von Ver-
gnügungsreisen erscheinen.[5]) So kann es nicht befremden,
grade in der Zeit üppigen Aufblühens der materiellen und
geistigen Kräfte, welche der hier geschilderten Nothstands-
periode folgte, eine ungemeine Vermehrung des Heiligencultus und der ihm verwandten Erscheinungen zu finden.
König Maximilian gab auch hier das Signal. Bei ihm war
es freilich vorwiegend archäologische Liebhaberei, die ihn
in Trier nach dem heiligen Rock suchen liess, für das Volk
wurde die Reliquie alsbald Gegenstand besonderer Verehrung.

Damals nahm die Sitte, den Heiligen besondere Functionen
zuzuweisen, einen neuen Aufschwung, jeder einzelne Beruf

---

[2]) Seb. Brant's hierher gehörige Gedichte bei Zarncke, Brant. Cf.
dessen zusammenstellende Bemerkungen. Noch in einem Manifest von
1503, bei Datt. p. 215—221 bezeichnet M. den Stein als das erste Wunder,
durch das die Gottheit eine Billigung seiner Politik aussprach.

[3]) Selbst noch als reformatorische Figur erscheint er im Pasquillus
exul. in Septem. dialogi festivi bei Böcking. Hutteni opp. Bd. IV.

[4]) In Bruchsal 1501. Mone, Zeitschr. B. III. Beiträge zur Cultur-
geschichte.

[5]) Die lebendigste bei Ph. de Vigneulles a. 1512.

6*

setzte seinen Ehrgeiz darein, einen recht angesehenen Schutz-
patron zu erlangen. Andre Culte fanden eine allgemeinere
Verbreitung. Es ist gewiss ein merkwürdiges Schauspiel,
wenige Jahre vor der Reformation die ganze Nation in einem
Rausch der Begeisterung für die heilige Anna zu sehen, an
dem sich Niemand eifriger betheiligte als die Humanisten;
diese allerdings zum Theil aus Feindschaft gegen die Dominikaner. Männer, welche später zu den eifrigsten Anhängern
Luther's zählen, verfassten damals Gedichte zum Preis der
unbefleckten Empfängnis.[6]) Valerius Anshelm, der wie kein
anderer Zeitgenosse befähigt war, geschichtliche Erscheinungen
auf tiefere Gründe zurückzuführen, erklärt sich ausdrücklich
dahin, es sei dieser übertriebene Heiligencultus eine Art des
Luxus und der wachsenden Versinnlichung des Lebens
gewesen, wie sie sich in dieser Zeit unter dem erhöhten Einfluss Italiens geltend machten.[7])

Um so weniger war diese sinnlich-heitere Heiligenverehrung geeignet in der Zeit einer bedeutenden Aufregung,
die in dem Gefühl des Unbehagens, der Gedrücktheit wurzelte,
als Symbol der Bewegung zu dienen. Unter den Erscheinungen
religiöser Aufgeregtheit, die sich am natürlichsten in Massenwallfarten ausspricht, nehmen daher die Pilgerschaften zu
Stätten der Heiligenverehrung nur eine untergeordnete
Stellung ein. Noch mehr jedoch war im Volk eine andere
Richtung zurückgedrängt, die der Askese. Früher war die
Verehrung für dieselbe das lebhafteste religiöse Gefühl
gewesen, in jenen Zeiten hatte der Hang zum Wunderbaren
sich besonders an den lebendigen Wundern genüge gethan,
jetzt war im Volk diese Neigung in merklicher Abnahme.

Soweit das Bedürfnis des Volkes, lebendige Heilige unter
sich zu sehen, noch vorhanden war, wurde es nicht durch
Mitglieder des Mönchstandes befriedigt, sondern durch Weltliche, sonderbare Individuen, die sich möglichst menschlicher

---

[6]) So der Augustiner Lange, der Verfasser des Chronic. Citzense.
Cf. seine interessante, bisher, so viel mir bekannt, unbeachtete Correspondenz mit Brant a. a. 1512, worin von Brant ein ansehnliches Bruchstück
eines lateinischen Dialogs über die Berner Dominikaner und ein kleines
deutsches Gedicht gleichen Inhalts mitgetheilt sind.
[7]) Anshelm, Berner Chronik. III. p. 246—253.

Nahrung enthielten und sich auch wohl von den auf Pflege des Körpers berechneten Sitten emancipirten.[8]) In den Augen der Menge durfte nun einmal der Heilige nicht nur keiner menschlichen Schwäche, sondern auch keinem menschlichen Bedürfnis unterliegen, eine Ansicht, der Consequenz nicht abzusprechen ist. So wurde dem einzig einflussreichen Heiligen dieser Zeit, dem Schweizer Klaus von der Flühe gegen seine eigene Aussage der Charakter als Hungerheiliger aufgedrungen.[9]) Im Ganzen gelangten doch diese oft absichtlichen Betrüger nicht zu einer solchen Macht über ihre Umgebungen, wie es in derselben Zeit aus südlicheren Gegenden, wie aus Neapel, gemeldet wird; ja es knüpfte sich bisweilen schon der Humor an diese absonderlichen Gestalten, deren Erscheinung er in Schrift und Bild auf uns gebracht hat.[10]) Bei weniger freien Geistern überwog der Eindruck des Unheimlichen dieser Asketen. Unter den Spuckgeschichten jener Zeit lief auch die eine um: dass der Teufel Leichname beseelen könne. Durch einen Ring seien die Dämonen in die todten Körper gebannt; der Nahrung nicht bedürftig, gäben sie sich für Heilige aus, um die Menschen zu verführen, die auf ihren Rath hörten.[11])

Es traten aber sowohl die Verehrung der Heiligen, wie die der Askese zurück gegen den Hang zu solchen Zeichen, die ihre Bedeutung erst durch die Beziehung zu anderen vorhergegangenen Wundern erhalten. Das symbolische Wunder ergriff das Gemüth des Volks wenn nicht am häufigsten, so doch am tiefsten. Die Ursache lag nicht etwa in einem Erschlaffen der schöpferischen religiösen Phantasie, sondern es fand sich das Volk durch den Cultus und die ihm geläufigsten Stücke der Dogmatik in diese Richtung gedrängt. Messe und Transsubstantiationslehre gewöhnten es, nicht etwa täglich ein neues Wunder zu sehen, sondern die Wiederholung eines bereits geschehenen zu glauben; und es erschien diese Wiederholung als die eigentliche Bekräftigung der kirchlichen Lehre, ja als der Grund der Berechtigung der Kirche selbst.

---

[8]) z. B. in Nürnberg. Deichsler a. a. O.
[9]) In allen Quellen seine Weigerung als Bescheidenheit ausgelegt, z. B. Trithemius, Chr. Hirsaug.
[10]) Deichsler a. a. O. und die Anmerkung Hegel's dazu.
[11]) Trithemius, Chr. Hirsaug. a. 1495.

Wie tief diese Ansicht im Volk wurzelte, wie es unmöglich
war, sich von derselben loszureissen, dafür ist die spätere
Geschichte der Reformation der traurigste Beleg. An den
Act der Brodverwandlung knüpfte sich denn auch unmittelbar
ein guter Theil der vermeintlichen Wunder. Wunder jener
schlimmsten Art, die zu grausamen Verfolgungen führten!
Während der letzten Jahrzehnte des 15. Jahrhunderts hört
man so oft von gestohlenen und blutschwitzenden Hostien, wie
nur zu irgend einer andern Zeit[11]); erst 1492 hatte bei einem
solchen Anlass eine Judenverfolgung in Mecklenburg statt-
gefunden und Flugblätter verbreiteten die mit Behagen aus-
gemalten Martergeschichten, wie die auf der höchsten Stufe
des Unsinns stehenden Wundererzählungen über Deutschland.[12])
Man blieb durchaus nicht bei der Transsubstantiation stehen;
der Glaube an die Wiederholung dogmatischer Wunder
erstreckte sich so weit, dass sich selbst der Teufel noch
einmal vom Erzengel Michael aus dem Himmel werfen
lassen musste; worauf er bei Hof als ein schwarzer Mann zur
Erde fiel, um aber sofort von einem nachstürzenden Klumpen
Feuer verzehrt zu werden.[14])

In Uebereinstimmung mit dem Dogma hatte sich der
Cultus entwickelt, auch er machte durchaus dem Volk einen
symbolischen Eindruck.

Selbst Geiler konnte ganze Predigten über die Form des
bischöflichen Gebets halten, wo dann der mit ausgebreiteten
Armen dastehende Priester den gekreuzigten Christus, die
Ministranten an seiner Seite die Schächer darstellen sollten;
auch unter den Arten des Gebetes der Einzelnen nahm
dasselbe „kreuzweis beten" eine hervorragende Stelle ein, es
konnte in Gelübden als ein Theil der Verpflichtung aufgenommen werden.[15]) Ueberhaupt wurde das symbolische
Wunder sehr begünstigt von der ethischen Vorstellung, dass
das Leben eine Nachfolge Christi sei. Die Nachfolge wurde
leicht auf eine Wiederholung der Leidensgeschichte ausgedehnt.

[11]) Allein aus Franken scrienweise bei Linturius.
[12]) Auf solche führt sich die lange Erzählung bei Trithem., Chr.
Hir. a. 1492 gewiss zurück.
[14]) Linturius a. a. 1506.
[15]) Geiler, Brosämlein. Predigtcyclus von den Staffeln. 9. Staffel,
3. Predigt.

Von einer der schwärmerischen Secten der kurz vergangenen
Zeit war diese völlige körperliche Nachfolge sogar zum
Mittelpunkt der Lehre und Religionsübung gemacht worden.[16])
Solche verdammte zwar die Kirche, für ihre Heiligen be-
hauptete sie aber schliesslich dasselbe.

Seit St. Franziscus die Wundenmale des Herrn an seinem
Körper empfangen, seit durch unzählige Predigten seines
Ordens die Stigmatisirung als die höchste Gnade, die ihrem
Stifter zu Theil geworden, gepriesen wurde, war die symbolische Erneuerung des Leidens Christi ein übliches Wunder
geblieben.[17]) Eben im Jahre 1500 kam auch nach Deutschland die Nachricht von einer stigmatisirten italienischen
Nonne[18]); noch grösseres Aufsehen machte zu der gleichen
Zeit eine andere, welche die ganze Passion bis zum Moment
des Todes durchmachte. Fesselung, Geisselung, die Bluts-
tropfen, die unter der Dornenkrone hervorquellen, alles war
in der genauen Zeitfolge an dem Körper auf's Deutlichste
wahrzunehmen; so versichert der Bericht, welcher in das
officielle Geschichtswerk der katholischen Kirche aufgenommen worden ist.[19]) Der jüngere Pico von Mirandola konnte
sogar als Einleitung zu dem Epos, in dem er die deutschen
Wundererscheinungen der Jahre 1500—1503 besprach, eine
systematische Schilderung der Fälle geben, „in denen Gott
die geheimnisvollen Zeichen seines Todes erneuert habe."[20])

An und für sich geheimnisvoller als die anderen Wunder,
auf's engste verbunden mit den heiligsten Gebräuchen, mit
den grundlegenden Vorstellungen der Kirche übte das symbolische Wunder auf Phantasie und Empfindung des Volkes
einen eigenen Zauber aus. Ein grosser Theil seiner Wirkungs-
kraft lag aber noch in einer anderen Anschauung, die, so
selten sich ihrer die Massen klar bewusst wurden, sie um so
mächtiger anregte: Die symbolische Erneuerung des Wunders
hatte auch eine Erneuerung des ursprünglichen Zweckes zur
Voraussetzung; Christus schien immer von Neuem zu leiden
für die Erlösung der Welt von einem Verderben, aus dem

[16]) Neander, Kirchengeschichte 2. Aufl. B. II, Ende.
[17]) Rolewink, Fasc. tempp. a. a. 1474 ein Mädchen in Hamm.
[18]) Trithemius a. a. 1500.
[19]) Raynaldus, annales eccles. s. a. 1500.
[20]) Jo. Picus Staurostichon bei Freher. SS. B. II. d. 244, v. 110—180.

sie sich nicht mit eigener Kraft retten kann; und darum mussten in einem Zustand von Verzweiflung, getäuschter Hoffnung, Unbefriedigung und Unruhe eben diese symbolischen Wunder eine besondere Anziehung auf das Volk ausüben. So geschah es in den Jahren religiöser Epidemie nach dem Scheitern der Reichsreformen; gegen die „Kreuzwunder" traten alle anderen vereinzelten Kundgebungen religiöser Erregtheit in den Hintergrund.

Schon im Jahre 1500 erschienen, wie Trithemius erzählt, zuerst in den Städtchen und Dörfern des Nahethales kreuzförmige Flecke auf leinenen Kleidern, besonders der Frauen, und erregten grosses Erstaunen und Furcht beim Volk.[21]) Es hat aber jedenfalls diese erste Erscheinung nicht über die nächste Umgebung hinaus gewirkt, und die Vermuthung ist kaum abzuweisen: der geschwätzige Gelehrte habe durch eine kleine chronologische Ungenauigkeit[22]) seinem geistlichen Amtskreis den Ruhm der Priorität jener Deutschland in Bewegung versetzenden Erscheinungen wahren wollen. Der Anlass zu der Wunderepidemie ging vielmehr von den Niederlanden aus.[23]) Auf einem Dorf in der Nähe von Maastricht bemerkten in der Osterzeit des Jahres 1501 die Verwandten einer jungen Frau auf dem Kopftuch derselben ein grosses goldfarbenes Kreuz, umgeben von kleineren und von unbestimmten Flecken, die sich die Phantasie bereitwillig als Lanze und Nägel auslegte. Beim Wechseln des Kopftuchs erschienen zuerst die Zeichen von Neuem, dann sah man sie auch auf der Haut der Frau und auf dem Leinenzeug ihres Mannes. Von dem Ortspfarrer wurde die Frau nach Utrecht gewiesen; dort setzten, während die Osterzeit grössere Mengen von Landvolk nach der Stadt zog, die Domherren mit Ostentation eine Prüfung des Wunders in Scene, die denn auch immmer unerwartetere Erscheinungen bis zu Blutvergüssen

---

[21]) Trithemius, Chron. Sponheim a. 1500.

[22]) Ein Flugblatt, welches Deichsler benutzte, sagt ausdrücklich: 21. Mai, da fielen die Kreuze am Rhein.

[23]) Alle Berichte führen sich auf den unten zu erwähnenden Brief des Lütticher Bischofs zurück, der mit nur geringfügigen Auslassungen bei Chapeaville SS. epp. Leod. B. II. steht und in sehr genauem Auszug von Nauclerus und Anshelm aufgenommen ist, während auch Linturius und Trithemius ihn benutzten.

aus den Kreuzmalen ergab. Die Feierlichkeit, mit der man die Beobachtungen anstellte, der Ernst, mit dem man die wunderbaren Ergebnisse verkündete, wirkten. Schon nach kürzester Zeit wurden in den Diöcesen Lüttich und Utrecht mehrfach Wunderkreuze von allerlei Farben auf den Kleidern bemerkt; war selbst der lebhaftesten Phantasie die Kreuzgestalt unerkennbar, so ging man in den Deutungen bis zum Grabhügel des Herrn hinunter.

Eifrig registrirten die Priester jeden vorkommenden Fall und versicherten, dass durch ihre Prüfung jeder Gedanke an Betrug ausgeschlossen sei. Das Volk kam in lebhafte Bewegung, Processionen zu den Stätten der Wunder, Umzüge mit den gezeichneten Gegenständen fanden statt; bald glaubten viele, diese selbst seien vom Himmel herabgefallen. Schon hatte Matthäus Herbenus, ein Schüler des Trithemius, damals Geistlicher in Utrecht, einen ausführlichen Bericht über die Erscheinungen aufgesetzt[24]), der durch die Verbindungen des Verfassers seinen Weg nach Oberdeutschland fand. Weit mehr trug zur Verbreitung der Wunderepidemie der Brief bei, den am 18. Mai der Bischof von Lüttich an Maximilian richtete. Er enthielt eine detaillirte Beschreibung aller Vorgänge und fand rasch als Flugschrift weite Verbreitung. Andre auf das Volk berechnete Drucke schlossen sich diesen ersten an, Holzschnitte machten die Form der Wunderzeichen bekannt und suchten sogar den Eindruck, den sie auf die Gläubigen machten, zu fixiren. Mir lag ein solcher Holzschnitt vor.[25]) In einem wahren Schneegestöber von Kreuzen und Sternchen, mit denen zugleich auch einige zierlich gezeichnete Geisseln und Leitern herabfallen, steht ein bärtiger Bussprediger, das Crucifix in der ausgestreckten Hand, umlagert von Männern und Frauen, in deren Geberden sich tiefe Zerknirschung ausprägt. In der That wird dieselbe bei dem einen Büsser so lebhaft, dass er sich selbst ersticht.

Befördert durch das Gerücht, ebenso wie durch diese Schriften, verbreitete sich die Geistesepidemie überall, wo ihr die Verhältnisse günstig waren. Während des Jahres 1501 hören wir den ganzen Rhein entlang, aus Schwaben, Tirol,

---

[24]) Trithemius, Chron. Sponheim a. 1501.
[25]) Bei Grünbeck. Vermahnung etc., der dritte Holzschnitt.

aus niederdeutschen Städten bis zu den dänischen und polnischen Grenzen von dem Kreuzregen.[16]) Während des schrecklichen Pestjahres 1502 werden dann die Erscheinungen seltener, desto häufiger beobachtete man sie aber im folgenden Jahre, sogar in Gegenden, die bis dahin nicht von der Epidemie berührt waren.[17]) Es wäre eine vergebliche Mühe, selbst nach den nüchternsten Berichten die Naturbeschaffenheit der fraglichen Flecke bestimmen zu wollen. Nur weniges erhellt deutlich, so: dass die Kreuze sich nur ausnahmsweise auf den Körpern zeigten. Für gewöhnlich erschienen sie auf Leinenzeug, etwa den Tüchern der Frauen, wie denn das an sich phantasievollere und auch im frommen Betrug harmlosere weibliche Geschlecht am häufigsten von den Wundern begnadigt wurde.[18]) In ein und dem anderen Fall mögen die in neuerer Zeit zur Erklärung der blutenden Hostien und ähnlicher Erscheinungen herbeigezogenen Bakterien vorhanden gewesen sein; in den am meisten Aufsehen erregenden Fällen wurden, als der erste Taumel vorüber war, auch einige Male absichtlicher Betrug nachgewiesen[19]); am häufigsten geschah es sicherlich, dass die schon erregte Einbildungskraft in zufälligen Flecken die Wunderzeichen erkennen wollte.

Deshalb erschienen sie besonders häufig in Augenblicken, wo der fromme Glaube schon so wie so das Wunderbare vollführt sah: bei der Brodverwandlung in der Messe. Bald sah man hierbei die Kreuze auf der Stola des celebrirenden Priesters, bald fühlten sich einzelne Personen der versammelten Gemeinde, bald deren Gesammtheit gezeichnet.[30])

Ueberall gab sich die Erregung, welche die Kreuze verursachten, in gleicher Weise kund. Sobald sich das Wunder ereignete, vereinigte sich die Bewohnerschaft der Städte oder Dörfer unter Führung des Raths zu Processionen, in dem üblichen Aufzug trugen sie die gezeichneten Gegenstände zur

---

[16]) So giebt es auch Maximilian an, meint aber, vorwiegend seien in Franken und Schwaben die Kreuze erschienen. Datt. p. 215—220.
[17]) So Nürnberg, Deichsler a. a. O. Regensburg, Farrago histor. Ratisp., bei Oefele SS.
[18]) Wie alle Berichterstatter erwähnen.
[19]) Anshelm III. p. 151, p. 217, IV. p. 224.
[30]) Trithemius. Chron. Spanh., Chr. Hirs. Picus v. 270 f.

Kirche.[31]) Einmal angeregt suchte der Wallfartsdrang noch weitere Befriedigung. Die Processionen zogen in der Nachbarschaft von Ort zu Ort, erweckten durch ihren Anblick gleiche Lust und wohl auch gleiche Wunder.[32]) Für die Aufgeregtesten bot sich über diese localen Wallfarten hinaus eine andere Art der Religionsübung. Unter dem Eindruck der furchtbaren politischen Lage und derselben Epidemien, welche Deutschland heimsuchten, hatte eine verzweifelte asketische Stimmung in den niederen Schichten des italienischen Volkes um sich gegriffen. Eine grosse Anzahl Männer nahm strenge Wallfartsgelübde bis zu 7 Jahren auf sich; zu den Orten, die sie zu besuchen gelobten, gehörten auch stets die 3 heiligen Städte Deutschlands: Trier, Aachen und Köln.[33]) So erschienen sie nördlich der Alpen in kleinen Trupps, höchstens zu 30 bis 40 vereinigt, bekleidet mit grauem, härnem Gewand, einen Strick von Weidenbast um den Leib, Jeder ein hölzernes Kreuz in der Hand.

Ihre Lebensweise war streng; einmal in der Woche fasteten sie ganz, auch in der übrigen Zeit begnügten sie sich mit Wasser, Brod und Gemüsen, wie sie ihnen von der Mildthätigkeit der Bauern gespendet wurden. Sobald sie auf ihren Farten an eine Kirche kamen, traten sie ein und warfen sich mit kreuzweis ausgespannten Armen zum Gebet auf den Boden. An keinem Ort blieben sie länger als einen Tag und eine Nacht; zum Genossen nahmen sie Jeden an, nur Weiber und Mönche ausgeschlossen. Das Interesse, welches diese „Kreuzler" überall, wo sie durchzogen, erregten, blieb vorwiegend Neugier, aber doch schlossen sich ihnen, besonders in den religiös am meisten erhitzten Strichen, viele an, denen diese vereinzelte Art besser zusagte als die Massenwallfarten und die von der einmal gefassten Leidenschaft über die Grenzen der engeren Heimath hinaus getrieben wurden.[34])

Das letztere war nun allerdings auch bei grösseren Massen der Fall. In den Niederlanden sammelten sich Schaaren von

[31]) Picus v. 250 ff.
[32]) Picus a. a. O.
[33]) Anshulm hat ein eigenes Capitel, III. p. 152 f., über sie. Nanclerus u. Trithemius, Chr. Hirsang a. a. 1500.
[34]) So in den Niederlanden. Chapewille SS. Leod. III. p. 231, überhaupt Trithemius a. a. O.

Pilgern, sie führten wie eine heilige Fahne ein ganz mit Kreuzen bedecktes Hemd eines Mädchens mit sich; als sie vor den lothringischen Städten erschienen, wiesen sie ein Geleitschreiben des Bischofs von Lüttich vor, das alle christlichen Obrigkeiten aufforderte, ihnen Durchzug und Unterstützung auf ihrem Zug gegen die Türken zu gewähren.[35]) Auch wo sich die Wunder nicht selbst ereigneten, setzte schon die Kunde von den Erscheinungen die Hörer in Schrecken. Nirgends blieb man blos bei Bittgängen stehen, zugleich erliessen die Obrigkeiten strenge Gebote gegen alles Schwören und Lästern, sowie gegen den überhand nehmenden Luxus.[36]) Schon auf den letzten Reichstagen war man in dieser Richtung vorgegangen und hatte, als ob nichts wichtigeres zu thun gewesen wäre, die Zeit mit derartigen Verordnungen hingebracht. Jetzt, als auf die guten Jahre die Noth gefolgt war, trieb die öffentliche Meinung von selbst in diese Strömung hinein. Fielen doch eben dieselben Kreuze und Marterwerkzeuge vom Himmel herab, die man früher leichtsinniger Weise in den Scherz- und Schimpfreden des täglichen Sprachgebrauches entheiligt hatte.

Wandernde Bussprediger machten sich diese Stimmung zu Nutze und verstärkten sie noch[37]); keiner derselben wurde aber von so bedeutenden persönlichen Gaben unterstützt, dass er sich, was sonst gewiss geschehen wäre, zum Mittelpunkt der ganzen Bewegung hätte machen können. Ihre Predigten erhoben sich, soweit wir darüber urtheilen können, nicht über das Niveau des Gewöhnlichen. Nur in Süddeutschland glückte es einem betrügerischen Müller, der sich die Kreuzzeichen auf seinem Körper angemalt hatte und zugleich göttliche Stimmen zu hören vorgab, im Volk grosses Aufsehen zu erregen, einen Anhang um sich zu versammeln.[38]) Zuletzt ermittelte ein weniger gläubiger Graf der Umgegend den Sachverhalt und liess den Betrüger auf dem Scheiterhaufen büssen; aber selbst von Seiten des Königs scheint vorher der Prophet

---

[35]) Vigneulles a. a. 1503.
[36]) Anshelm, III. p. 150 f.
[37]) Grünbeck's Vermahnung spricht von ihnen und giebt in cap. 3 eine lange Predigt, die von einem solchen Prediger gehalten sein soll, wohl aber eher von Grünbeck diesen Mustern nachgebildet wurde.
[38]) Anshelm, Bern. Chron. a. a. O. Picus, noch vor der Entlarvung.

Glauben und Ermunterung erfahren zu haben. Auch diesen Busspredigern galten die Wunder als unmittelbare Kundgebungen des göttlichen Zorns, aber wie ja jedes Wunder eine Herablassung der Gottheit zu den Menschen voraussetzt, so meinten sie doch: die Kreuze seien ein Zeichen der angebotenen Versöhnung, die gemäss dem Verfahren Gottes gegen die Sünder zwischen der geringeren Züchtigung und der Vollziehung der in der Ausrottung bestehenden Strafe komme. Eine solche Auslegung entsprach dem symbolischen Charakter der Wunder jedenfalls am besten.

Zugleich machte sich eine andere Deutung kaum minder stark geltend.[39]) Diese fasste die Kreuze als Zeichen Gottes gegen die Türken, es erschien also hiernach als der eigentliche göttliche Zweck die Ermahnung und Ermuthigung zum Krieg gegen die Ungläubigen. Durch diese Vorstellung wurde der Thatendrang, die Unternehmungslust des Volkes, deren Hemmung die Hauptursache dieser gesammten Erscheinungen war, wieder lebendig angeregt. Darum hatte sich auch der bedeutendste Pilgerzug, von dem wir erfahren, im Gegensatz zu den blossen Bussfarten dieses Ziel gesteckt — ein verspätetes Miniaturbild der Kreuzzüge. Die Erregung fand übrigens in dieser Vorstellung ihren genügenden Ablauf, von der sonst bei solchen Gelegenheiten üblichen Verwechslung der unterdrückenden Ungläubigen, der Türken, mit den Unterdrückten, den Juden, finden sich keine Spuren.

Die Deutung der Kreuze auf die Türken leistete aber nicht nur der kampfesmuthigen Stimmung, sondern ebenso der verzweifelnden Ansicht derer Vorschub, welche in den Ungläubigen die Vollzieher des allgemeinen Umsturzes erblickten, als dessen untrügliche Zeichen ihnen die Kreuze galten.[40]) Nicht ohne dass sich bei Manchen eine Art unruhiger Hoffnung an „die Verkehrung aller Stände" geknüpft hätte. Die socialistischen Erwartungen grade jener Jahre gipfeln in dem Wunsche einer Umwälzung, die vom Orient her zu erfolgen habe. Als dann mit dem Jahre 1504, schon nach Beendigung der Wunderepidemie, der Landshuter Erbfolgekrieg Süddeutschland verwüstete, meinte

---

[39]) Picus entschiedener Vertreter dieser Ansicht, Grünbeck's Buch ist ein Niederschlag aus allen Meinungen der Gläubigen.
[40]) So Trithemius im Chronol. mystica 1508 auf Max' Wunsch geschrieben.

das Volk noch nachträglich: dieses öffentliche Unglück sei
durch die Kreuze angekündigt worden.[41])
Diesen verschiedenen Arten von Gläubigen stand doch
eine grosse Anzahl solcher gegenüber, die von den Erscheinungen alles Wunderbare ausgeschlossen wissen wollten.
Nichts anderes, erklärten sie, habe man von ihnen zu erwarten
als die Folgen, welche sie natürlich verursachten. Ihre Erklärung der Kreuze als meteorische Thatsachen fiel im Rahmen
einer halb aristotelischen, halb astrologischen Physik allerdings
sonderbar genug aus.[42]) Aber inmitten der Aufregung ihrer
Umgebungen und selbst beeinflusst von der bedrückten Geistes-
atmosphäre jener Jahre konnten sich selbst diese Aufgeklärten
eines unheimlichen Gefühls gegenüber den räthselhaften Erscheinung nicht erwehren. „Die natürlichen Folgen,‟ welche
man bestehen liess, konnten ja auch noch schlimm genug
sein, und die furchtbare Pest, welche dem ersten Wunderjahre
folgte, gewährte diesen Befürchtungen starken Vorschub. Die
Kreuze, meinten viele, seien die wahre Ursache der Krankheit; man erzählte: an den Körpern der Todten seien noch
oft die Zeichen gefunden worden.[43]) Wahrscheinlich hat die
natürliche Erklärungsweise diesem unheimlichen Gewand, mit
dem sie sich umgab, ihre Verbreitung mehr zu danken gehabt
als ihrem rationalistischen Grundgedanken. Auch so erregte
sie den Zorn der Gläubigen und musste sich als ruchlose Verachtung der göttlichen Wunder ausgegeben sehen. Dennoch
überwog da sofort die natürliche Erklärung, wo der Eindruck
der politischen Lage wegfiel, selbst wenn Pest und Hungersnoth nicht weniger schlimmer als im eigentlichen Deutschland
gewüthet hatten. So in dem schon ganz nach Frankreich
gravitirenden Metz. Dem Haupttheerd der Epidemie lag es auf's
nächste und doch kamen hierher nur Nachrichten von einer
neuen schrecklichen Krankheit: von Kreuzen, die aus der Luft
fielen und durch Kleider und Fleisch hindurchbrannten. Man
ordnete deshalb allerdings Bittgänge an, aber nur in dem

---

[41]) Linturius a. a. 1504. Andreas Zayner, liber memorialis bei Oefele,
SS. II. p. 347.

[42]) Eingehend referirt über diese Ansichten, die er zu widerlegen
sucht, Grünbeck, c. 2, ihr huldigt im Ganzen Trithemius, Vigneulles und
die späteren ausser Anshelm.

[43]) Trithemius, Chr. Hirs.

Sinne, wie man das vor jeder drohenden Epidemie that; und
später konnte selbst der Anblick der mit ihrer Reliquie vor-
beiziehenden Lütticher keine mystisch-religiöse Regung erwecken.[44]) So hat denn die ganze Bewegung in den politischen Verhältnissen ihre eigentliche Wurzeln, es war natürlich, dass sie auch wieder weiter als Mittel und Werkzeug der
Politik dienen musste.

---

[44]) Vigneulles a. a. O.

Capitel V.

Die politische Benutzung der Wunder.

Zunächst wurde sie das für Maximilian. Er ergriff die Bewegung als einen willkommenen Zufall. Die rasche Verbreitung des Briefes, den der Lütticher Bischof an ihn gerichtet hatte und der fast als Ausgangspunkt der Epidemie anzusehen ist, war wohl wesentlich sein Werk; seitdem hatte er durch die Theilnahme, mit der er die Erscheinungen verfolgte, ebenso wie durch unmittelbares Eingreifen die Ausbreitung weiter gefördert. Er liess sich die von den Wunderzeichen Befallenen vorführen [1]), prüfte sie selbst und legte sich sogar eine Sammlung von bekreuzten Gegenständen an, die er Fremden als besondere Seltenheit zeigte. Allein er hatte Unglück mit seinen Schützlingen, abgesehen von jenem Müller wurde er noch zweimal von betrügerischen Frauen getäuscht, eine Thatsache, die sich leicht daraus erklärt, dass ihm nur besonders hervorstechende Fälle zu Ohren kamen und solche am ersten auf Täuschung beruhten. Bei Maximilian am wenigsten war wohl ein religiöser Affect vorhanden, vielmehr stand der König seinen persönlichen Ueberzeugungen nach auf einem so rationalistischen Standpunkt wie nur wenige seiner Zeitgenossen [2]); doch liebte er, wenn nicht das Wunderbare so doch das Abenteuerliche, und war in einer grillenhaften Sammlerlust für Raritäten befangen. Vor allem begünstigte er aber schwärmerisch-religiöse Auffassungen, weil er in ihnen ein sicheres Mittel sah, das Volk aufzuregen und zu

---

[1]) Picus, Vorrede etc. Sein Erlass bei Anshelm III. 217 ff. und das Manifest bei Datt. p. 215—220.

[2]) Das entscheidende Zeugnis hierfür (von Burckhardt sogar zur Charakteristik des gesammten Rationalismus der Renaissance angeführt), seine Fragen an Trithemius in der Curiositas regia. Daneben cf. Weisskunig p. 61 f. und 67.

leiten. Vor dem Schweizerkriege, als in der langen Zeit des
Schwankens und der Ungewissheit mit der Aufregung des
Volkes auch die Empfänglichkeit für phantastische Vorstel-
lungen wuchs, verbreitete sich die Kunde, zu der erneuten
Eidesleistung der Konstanzer seien auch die Thiere des Waldes,
zwei Hirsche und ein Fasan, erschienen. Als dies Maximilian
mitgetheilt wurde, fügte er dem Briefe eine eigenhändige
Note bei: er habe seinen Gefallen an diesem Gerüchte.[3]
Ich weiss nicht, ob die Rolle, die er bei der Auffindung
des heiligen Rockes spielte, in ähnlichem Sinne berechnet
war, jedenfalls war die Wirkung dieselbe: die Heiligkeit der
Reliquie strahlte zurück auf den König, der sie zu erheben
allein von Gott gewürdigt worden sei.[4]

So sonderbar es scheinen mag: Maximilian erschien dem
Volke wie eine Art von Heiligen; dieser Mann mit dem
unverwüstlich heiteren Lebensmuth galt ihm als ein Märtyrer.
Es war eine ganz übliche Rede, dass seit Christus kein
Mensch mehr gelitten habe als er.[5] Die Quelle dieser An-
schauung ist nun ganz ersichtlich die populäre Schriftstellerei
Maximilian's, durch die er mit einem Pathos, das tiefgehende
Empfindungen erwarten liesse, und mit einer uns befremdenden
Naivetät die ganze Nation zum Zeugen jeder Verstimmung
und jeder ihm widerfahrenen Beleidigung machte. Es ver-
schmolz beim Volke dieser Eindruck der Persönlichkeit mit der
Ehrfurcht, welche die Kaiserwürde einflösste und welche Maximilian gegenüber noch einmal eine religiöse Färbung annahm,
um mit seinem Tode dieselbe für immer zu verlieren. Derselbe Hutten, der in seinen an den Kaiser gerichteten Epi-
grammen, diesen, Tagebuchblättern eines humanistischen
Landsknechtes, sich ganz auf dem Boden einer mittelalterlichen
religiös-politischen Anschauung zeigt, erklärt, kaum dass
Maximilian die Augen geschlossen: das römische Reich habe
längst ein Ende genommen und es sei ein leerer Name, was
noch an den Deutschen hafte.[6] Der König selbst theilte

---

[3] Chmel. Act. p. 185 ff.
[4] Grünbeck, Leben Max, und Liliencron No. 807 und 308.
[5] Grünbeck's bekannte Lebensbeschreibung macht das zu ihrem
Ausgangspunkt. Ganz in derselben Weise Hutten, Epigrammata No. 59,
bei Böcking III. p. 230, auch in der Exhortatio c. Venetos v. 491 ff.
[6] Hutten, Dialog. Fortuna § 59.

ein, mit dem er einen ganz anderen Zweck verband[14]), es kann in diesem Zusammenhange nichts anderes sein, als eine auf die Aufregung der Leser berechnete Phrase. Der König spielte die Rolle eines Vollziehers des durch die Wunder offenbarten göttlichen Willens bis auf's Aeusserste. Den glücklichsten und erfolgreichsten Krieg, den er je geführt hat, war er geneigt vor der öffentlichen Meinung als eine störende Unterbrechung dieser grösseren Pläne zu erklären.[15]) Hierzu mochte anderes mitwirken. Quirini erzählt von einer Eigenthümlichkeit Maximilian's, dass, wenn er einen Weg einschlug, sich ihm alsbald zehn andere, an die er früher einmal gedacht, vor den Geist stellten und erstrebenswerther erschienen; ferner fehlte auch nicht die kluge Berechnung, dass er seine Hilfe so theuer als möglich verkaufen müsse; bestimmend aber war wohl auch hier die Rücksicht auf die Volksmeinung. Eben dieser Landshuter Erbfolgekrieg zeigte, wie richtig der König gerechnet hatte. Im Jahre 1490 hatte man seine Massregeln als kindisch bezeichnet[16]), jetzt war er unstreitig auf dem Höhenpunkt seiner Popularität. Der Beifall des Volkes, nachdem er ihn einmal erworben, begleitete ihn auch auf Bahnen, die er nicht gezeigt hatte, als er denselben erwarb.

Maximilian mochte hiermit zufrieden sein, waren gleich die dauernden Organisationen, zu denen er die religiös-politische Erregung zu benutzen gedacht hatte, nicht zur Ausführung gekommen. Es lag damals in seiner Absicht, der Ritterschaft eine erhöhte kriegerische Tüchtigkeit zu geben, damit sie dem neuen Fussvolk ebenbürtig zur Seite stände. Die Landsknechte sind zwar niemals in einen socialen Zwiespalt mit dem Adel getreten, ihr Verhältnis zu dem thatkräftigen Theil der Edelleute, der sich der neuen militärischen Bildung bemächtigte, war sogar das engste; aber grade deshalb war der Erfolg, dass die alte ritterliche Kampfesweise, längst im Verfall, jetzt beinahe nutzlos wurde. Alle scharfsichtigen Beobachter jener Zeit schildern die Zügellosigkeit und tactische Unbrauchbarkeit dieser Reiter-

---

[14]) Die Einrichtung der Georgsgesellschaft. Datt. p. 215 ff.
[15]) Cf. die endlosen Verhandlungen in den Bair. Ldtgh., auch Klüpfel p. 504.
[16]) Klüpfel, 24. Juli 1499, p. 366.

haufen [17]), denen die Landsknechte in der Schlachtreihe selbst kaum einen Platz neben sich vergönnten. [18]) Dennoch hat Maximilian neben seiner eigensten Schöpfung der Artillerie und der Neubildung des Fussvolkes auch die Reiterei nie aus den Augen gelassen, die damals eben nur auf die Ritterschaft zu gründen war. Er wirkte hier durch das eigene Beispiel vollendeter Ausbildung in allen ritterlichen Uebungen. [19]) Jedoch aus den Lehensaufgeboten auch nur seiner Erblande eine brauchbare Truppe zu machen, war unmöglich [20]), er suchte sich einen neuen Weg und griff nach der Einrichtung der Gesellschaften. Ihr Werth als feste Bindemittel des Adels erprobte sich eben im schwäbischen Bunde, es schien nur nöthig, diesen bereits vorhandenen Elementen eine religiöse Weihe und mit ihr ein weiteres politisches Ziel zu geben, um weit Grösseres mit ihnen zu erreichen. [21]) Wenn jemals, so war in diesen Jahren religiöser Erregung der geeignete Zeitpunkt gegeben.

Scheinbar ohne Zuthun des Königs vereinigten sich 6 Männer aus seiner nächsten Umgebung, unter ihnen Herzog Wilhelm von Cleve, Fürst Rudolf von Anhalt und Graf Eitelfriedrich von Zollern, damals sein vertrautester Rath, zu einer Vorstellung: sie hätten die Wunderzeichen der Kreuze und zugleich die Verwüstungen der Türken, — sie berechneten, dass die Menschenverluste in den ausserdeutschen Ländern in wenigen Jahren gegen 100,000 betrügen — in Betracht genommen und beschlossen eine Rittergesellschaft zu gründen; dem König als oberstem Haupte der Christenheit wollten sie die Statuten zur Billigung vorlegen. Deren Bestimmungen verrathen nun aber sehr deutlich den eigentlichen Zweck. So oft hatten die Ritter, wenn von Reichswegen Forderungen an sie gestellt waren, dieselben abgelehnt, weil sie mit ihrer

---

[17]) z. B. Herberstein, Denkwürdigkeiten in Fontes rer. Austr. SS. B. I. Wivoll v. Schaumburg, der vom Reiter zum Landsknechtsführer, wie Herberstein zum Diplomaten wurde. Am eingehendsten auch hier Quirini.

[18]) Quirini erzählt, dass die Reiter von den Landsknechten, sobald sie ihnen zu nahe kamen, einfach zusammengeschossen wurden.

[19]) Ohne dass man deshalb den ersten ganz modernen Menschen als letzten Ritter ausgeben müsste.

[20]) In deren Kreise führt uns Herberstein.

[21]) Gierke, Genossenschaftsrecht I. p. 498: „Die ephemere St. Georgsgesellschaft war mehr ein Versuch, den Adel kriegerisch zu heben.“

Person dem Kaiser dienten; sie beim Wort zu nehmen, wäre unmöglich gewesen. Jetzt versuchte Maximilian unter Ansetzung der religiösen Hebel wenigstens die Hälfte jener Zusagen zu erreichen. Er selbst versprach den Brüdern der Gesellschaft halben Sold zu geben, die andre Hälfte solle von den Betheiligten aufgebracht werden, hierbei rechnete man auf die Bussstimmung der Zeit, die auch Verwandte und Freunde zur Beisteuerung bewegen könnte. Sehr richtig war nun berechnet, dass im Kriege die volle Soldzahlung nöthig sein werde, dass es eben deshalb unmöglich sei, auch nur den von den Betheiligten selbst gelieferten halben Sold in ihrer Hand von vornherein zu lassen. Deshalb bestimmte man, dass diese Geldsummen den Bankhäusern Fugger und Welser zur Verwaltung übergeben würden; der König wusste nur zu gut, dass ihr Credit besser war als der seine. Der Orden nahm die Bezeichnung als St. Georgsgesellschaft an; er trug diesen Namen, der wohl nicht ohne Absicht dem der grossen schwäbischen Turniergesellschaft zum St. Georgenschild fast gleich gewählt war, zu Ehren des Patrons aller Ritterschaft. Die Aufnahme war sehr einfach, eine notarielle Bescheinigung genügte, nach den einzelnen Gegenden wurden Bücher zur Einzeichnung geschickt. Den Genossen war freies Geleit zugesagt, für Schaden, den sie auf dem Wege zu den Sammelplätzen erlitten, versprach der König zu bürgen. Der eigentliche Charakter der ganzen Einrichtung wird vollends in der Bestimmung klar, dass die Bundesbrüder als einfache Krieger zu erscheinen hätten; Maximilian behielt sich vor, ihre Ordnung ebenso wie ihre Hauptleute zu bestimmen. Ganz ebenso war er in der Zeit der Ausbildung der Landsknechte verfahren, wo er von den einzelnen Reichsständen wohl die Soldaten in Empfang nahm, sich aber die Ernennung aller Hauptleute, Fähnriche und Doppelsöldner, also aller Officiere und Unterofficiere, ausbedang. Nur soviel theilte der König im Voraus mit, dass er Rotten von 200 Reitern zu bilden gedenke.

Nur so war es möglich, aus den zerfahrenen Adelselementen eine feste Truppe zu bilden, und nur das konnte der Zweck solcher Bestimmungen sein, mochten gleich die Herzöge und Minister, die ihre Namen an die Spitze stellten, den Schein erregen, als handle es sich hier um eine Art religiöser Regeneration des deutschen Ritterthums.

Eben deshalb musste der König auch hier mit den alten agitatorischen Mitteln verfahren. Zunächst wandte er äussere Schaustellung an, er legte selbst den Ornat an, den er für die Obersten des Ordens bestimmt hatte; völlig kriegerisch ritt er in Ulm ein [12]), auf seine Veranlassung nahmen sogleich mehrere den Orden. Um weitere Kreise mit in die Bewegung zu ziehen, musste wieder das Manifest dienen.

Es ist von mir schon mehrfach auf die eigenthümliche Flugschrift [13]) verwiesen, welche alle Züge der königlichen Journalistik, die wir sonst wohl einzeln aufsuchen mögen, wie die Strahlen im Brennpunkt vereinigt zeigt. Man darf sie wohl den vollkommensten Ausdruck der wundergläubigen Stimmung jener Tage nennen, wie sie sich in der Politik kundgab.

Wunder hätten seine Regierung von ihrem Beginn begleitet, er, der König allein, das ist die nicht undeutlich gezeigte Meinung, habe sie richtig gedeutet. Dem Stein zu Ensisheim seien die Blattern gefolgt, diesen das schrecklichste aller Wunder, die Kreuze, es kämen Offenbarungen der heiligen Anna an eine Jungfrau, die sich Jahre lang der Speise enthalten, hinzu, alles beweise: es sei für die Nation einerseits die Busse, andererseits der Kampf gegen die Türken nöthig. Hier sieht man auch, wie Maximilian dachte, dass jene beiden Regungen zusammenwirken könnten. Er ermahnt wiederholt zu Processionen, zur Aufrechterhaltung der jetzt ergangenen Aufwandsverordnungen auch während des Krieges, denn er weiss, dass nur so der Geist des Religionskampfes wachgehalten werden kann.

Der unmittelbar nach diesen Ereignissen ausbrechende Erbfolgekrieg brachte diesen Plänen ein vorzeitiges Ende. Maximilian hat sie später nicht wieder aufgenommen [14]); der St. Georgs-Orden mit seinen Insignien blieb eine Curiosität für

---

[12]) Klüpfel, 12. Dec. 1504. Bericht Ungelter's.

[13]) Datt. p. 215—221, als Ergänzung das Manifest Datt. p. 220—22.

[14]) Doch wollte man noch 1518 von einer Bestimmung wissen, dass er in der Tracht des Ordens habe begraben werden wollen. Hörzug des schwäbischen Bunds im Land zu Wirtemberg bei Hutten opp. ed. Böcking III. am Ende.

Antiquitätensammler [25], das Bild der Agitation aber, welche
der König, um das Volk seinen Plänen wieder geneigt zu
machen, unternahm, bliebe ohne diese Erinnerung unvollständig.
Zunächst jedoch diente der Plan wenigstens als Anlass dazu,
um Maximilian zum Herrn bedeutender Geldmittel zu machen.[26]
Es bestanden diese in dem Jubiläums- und Ablassgeld, welches
der päpstliche Legat Raimund Perrand seit 2 Jahren
unter geschickter Benutzung der religiösen Aufregung ge-
sammelt hatte.

Dieses Jubiläum war nun aber überhaupt das Mittel
gewesen, mit Hilfe dessen alle geistlichen und weltlichen
Behörden, König und Reichsregiment, Vortheil von der
religiösen Erregung des Volkes hatten ziehen, durch
dessen Handhabung sie sich eine neue Stütze hatten
schaffen wollen. Es schliesst sich diese Ablassagitation wie
der Schlussstein in das ganze Gebäude dieser auf Ausbeutung
einer religiösen Volksbewegung gestützten Politik.

---

[25] Deren Nachrichten über Abzeichen, Ornate etc. des Ordens zu-
sammengestellt von Datt. p. 214.

[26] Mit Hilfe des Manifestes, Datt. p. 220 ff.

Capitel VI.

Das Jubiläum.

Die katholische Kirche hat es stets, selbst in Perioden der Stagnation und des Verfalls, verstanden, ihre Einrichtungen auf einzelne mächtige Impulse der Zeit zu bauen, sie ist dadurch nie aus der Berührung mit dem Leben des Volkes gekommen. So war für die damalige Zeit die Einrichtung der Jubiläen geeignet jenen Zweck zu erfüllen. Sie kam einer der stärksten Neigungen des Volkes, der für das 15. und 16. Jahrhundert charakteristischen Reiselust, entgegen und gab ihr eben so sehr Gelegenheit zur Bethätigung als neue Anregung. Die Schilderungen der Aufregung, welche in solchen Jubiläumsjahren herrschte[1]), erinnern bis in die Einzelheiten an die frühere grosse Wanderperiode, die Kreuzzüge. Die Fülle der Gnaden, die den Pilgern verheissen waren, liess alle anderweitigen Gelübde in den Hintergrund treten; selbst Aebtissinnen und Nonnen verliessen ihre Klöster, ohne auch nur um Urlaub nachgesucht zu haben. Doch verleugnete sich selbst in solcher Unruhe niemals der Sinn für methodische Ordnung, den man, und dies im Gegensatz zu den Kreuzzügen, ebensowohl dieser Zeit zuschreiben darf. Freunde thaten sich zu kleinen Gesellschaften zusammen; ehe sie von Hause wegzogen, machten sie den Reiseplan und setzten eine statutarische Ordnung fest, der sich für die Dauer der Reise alle Theilnehmer zu fügen hatten.[2])

---

[1]) Eine sehr lebhafte bei Trithemius sowohl Chr. Sponh., wie Hirsaug. a. a. 1500. Sonst ist in dieser Zeit für die Wallfarts- und Reiselust des Bürgerstandes Vigneulles so charakteristisch, wie in der vorhergehenden Burkhard Zink.

[2]) Vigneulles a. a. 1500 drückt ein lebhaftes Bedauern aus, dass aus der festgesetzten belle ordonnance unter seinen 6 Genossen nichts geworden.

So stark nun der Andrang der Pilger nach Rom auch i. J. 1500 gewesen war, so war doch zu vermuthen, dass er unter günstigeren äusseren Verhältnissen noch bedeutend grösser gewesen wäre. Zunächst war die Pest, die, als ein nothwendiges Zubehör zu jedem grossen Zusammenfluss von Menschen aus aller Herren Ländern, während der ganzen Zeit in Rom wüthete, hinderlich gewesen. Wie es meist geschieht, vergrösserte das Gerücht die Zahl der Gestorbenen bis in's Ungeheure.[3] Mehr Pilger schreckte wohl aber die Erwägung ab, dass die Strassen nach Rom durch Oberitalien, den Kriegsschauplatz, führten. Es war ein Glücksfall, der ausgelassenen Soldateska zu entgehen, die in gewohnter Weise Freund und Feind plünderte.[4]

Diese Thatsachen mochten der Curie zuerst den Gedanken nahe legen, denen, die nicht nach Rom konnten, das Jubiläum in die Heimath zu bringen.

Es war allerdings vorauszusehen, dass sich auch nicht ein einziges Land dazu verstehen werde, den gesammten Ertrag desselben nach Rom gehen zu lassen. Man zog diese Eventualität im Cardinal-Collegium in Erwägung und beschloss, nur ein Drittel des Reinertrages zu verlangen, während die übrigen zwei Drittel in den Händen der Fürsten, aber nur zum Zweck des Türkenkrieges, bleiben sollten.[5] Man hatte hierbei richtig auf den Eigennutz der Fürsten gerechnet, den Schein der Uneigennützigkeit vor den Augen des Volkes gewahrt und sich die Einnahmequellen, die für einen mit ausgedehnten Vollmachten reisenden Legaten reichlich flossen, stillschweigend offengehalten.

Mit der deutschen Legation wurde Cardinal Raimund von Gurk betraut. Man hätte den Auftrag in keine geschickteren Hände legen können.[6]

---

[3] Anshelm, Bern. Chr. III. p. 146, spricht von 30,800.
[4] Vigneulles a. a. O.
[5] Anshelm III. p. 146.
[6] Von neueren Geschichtschreibern erwähnt nur J. Burckhardt das deutsche Jubiläum, C. d. R. I. p. 110 u. 155, der aber in zu engem Anschluss an Anshelm meint, „die schmachvolle Ausbeutung habe aller Augen auf Rom gelenkt."

Raimund Perrand[7]) war von Geburt Franzose, hatte aber
sein Emporkommen seiner Wirksamkeit in Deutschland zu
danken. Im Jahre 1480 war er, damals noch Archidiakon,
mit der Verwaltung eines grossen Ablasses beauftragt worden;
hierbei hatte er die grösste Betriebsamkeit entfaltet, und
während vor nicht zwei Jahrzehnten auf Seiten der Politiker
vom Ablass wenig Erfolg erwartet wurde[8]), „weil das Volk
seiner gewohnt wäre", zeigen jetzt schon die umständlichen
Schilderungen, welchen Eindruck die Pracht und die Feierlichkeit machten, mit denen Raimund die Ablasspredigt umgab.[9]) Nicht wenig trug zu den günstigen Erfolgen, die
Raimund damals wie später zu verzeichnen hatte, seine Persönlichkeit bei. Er verstand es, sich ein überaus würdiges
Ansehen zu geben[10]), über den Zweck des Ablasses, den
Türkenzug, sprach er mit solchem Eifer, solcher Wärme, dass
selbst Diejenigen, welche eine Speculation der Curie ver-
mutheten, seine persönlichen Gesinnungen in Schutz nahmen.[11])
Besonders vor niedriger Stehenden gab er diesen Empfindungen Ausdruck und vor Allem den Gelehrten gegenüber
befliss er sich einer leutseligen Liebenswürdigkeit.[12]) Jedenfalls fiel hier manches freundliche Wort, mochte es noch so
gleichgültig sein, auf fruchtbaren Boden.[13]) So bestimmte
er auch mit viel Geschick zu seinen Unterbeamten Leute,
die in enger Verbindung mit dem niederen Clerus der Diöcese
standen.[14])

---

[7]) Sein Name wird fast in jeder Quelle anders geschrieben: Perrandus,
Perrandi, Beraudi, Pegerandus (wie er sich lateinisch selbst schrieb) etc.
[8]) Droysen in Abhandlungen der sächs. Akad. 1857.
[9]) Hegel, Städtechron. Nürnberg IV. Tucher'sche Jahrbücher a. a. 1490.
[10]) Besonders in den Charakteristiken des Trithemius, Chr. Sponh.
a. a. 1505 und Chr. Hirs. hervorgehoben.
[11]) So noch 1518 der Augustiner Lange im Chron. Citzense.
[12]) So schon 1489 gegen Wimpheling. Cf. Trithemius, Catalogus s. v.
Wimpheling. 1501 gegen Wimpina in Leipzig. Lange, Chron. Citz. u.
gegen Trithemius.
[13]) Trithem., Chron. Sponh. a. a. 1503, berichtet mit komischem Ent-
zücken über seine Tischunterhaltung mit R. und findet es besonderer
Erwähnung werth, dass er mit den Worten entlassen sei: tam sero notus,
tam cito recedis.
[14]) Linturius a. a. 1489. zu höheren Beamten wählte er aber ihm
persönlich nahestehende Franzosen. Linturius a. a. O. Auch 1501 ist sein
Weihbischof Franzose. Trithem., Chr. Hirsaug. a. a. 1502.

Nicht minder wusste er nach oben hin seine Verbindung zu behalten. Er machte sich um so lieber zum Werkzeug eines Actes fürstlicher Willkür, als der dadurch Betroffene es unternommen hatte, die Freiheit des Priesterstandes in gleich kecker Weise gegenüber den Eingriffen der Curie, wie gegen die landesfürstliche Gewalt zu vertheidigen.[15])

Auch mit dem Kaiser hatte sich Raimund so gut zu stellen gewusst, dass seine Ernennung zum Cardinal noch mehr Friedrich's Empfehlung als seinen Verdiensten um den Ablass zugeschrieben wurde.[16]) Er hatte das Bisthum Gurk, damals die Ausstattung der deutschen Cardinäle, erhalten und galt als der Vertreter der deutschen Interessen bei der Curie. Im Herzen aber war er Franzose geblieben; das zeigte er bei dem Zuge Karls VIII., und sein damaliges Verhalten lässt uns einen Einblick in seinen Charakter thun.

Als Karl in Florenz eingezogen war, ging er auf den Plan des Cardinals Julian Rovere ein, den Franzosen Rom in die Hände zu spielen. Ihm fiel bei dem Complott folgende Rolle zu, die kaum noch zweifelhaft zu nennen ist. Sein Ansehen bei den in Rom verweilenden Deutschen war bedeutend, und hatte er dasselbe wohl noch mehr seiner halbofficiellen Stellung als jenen persönlichen Eigenschaften, die ihn schon als Ablassprediger gefördert hatten, zu danken. Er überredete nun diese seine Schutzbefohlenen, dass Maximilian mit Karl VIII. im Einverständnis sei, er soll sogar in diesem Sinne gefälschte Briefe vorgezeigt haben. Seine Absicht war hierbei, die in Rom nicht beachteten Deutschen zu einer plötzlichen Erhebung zu veranlassen, die mit einem Angriff Karl's zusammenfallen sollte. Mit solch' einer niederen Intriguantenrolle musste sich Raimund begnügen, freilich konnte er neben einem Manne, wie es der spätere Julius II.

---

[15]) Bedeutendes Aufsehen erregte die von ihm verfügte Verhaftung des Dr. Morung, der für die Steuerfreiheit des Clerus ein Pamphlet gegen Albrecht Achilles (abgedruckt bei Minutoli, K. B. Anhang.) geschrieben hatte und jetzt in gleichem Sinne gegen den Ablass auftrat. Linturius a. a. 1489. Hegel, St. Chr. Nürnberg IV. a. a. O. M. blieb bis 1497 in brandenburgischem Gewahrsam. Linturius a. a. 1187.

[16]) Burcardus, Diarium a. a. 1494, der hier über das Verhalten R. in Rom ausführlich berichtet.

schon damals war, nur ein gefügiges Werkzeug sein. Für mehr haben ihn auch seine Landsleute nicht gehalten.[17]) Denn nach der Versöhnung Karl's mit Alexander wurde er zum Opfer ausersehen; so laut und keck er sich vorher hatte vernehmen lassen, so leicht fügte er sich einem über ihn verhängten Acte öffentlicher Demüthigung. Um weiterhin ein Gegenstand der Aufmerksamkeit eines Alexander VI. zu sein, ragte er zu wenig unter seinen Collegen, wäre es auch nur durch seine Einkünfte gewesen, hervor[18]); allein i. J. 1500 ward man wieder auf ihn als auf das geeignetste Werkzeug zur Ausführung eines Jubiläumsablasses in Deutschland aufmerksam. Von seinem Verhalten im Jahre 1494 war, wenn überhaupt, so nur dürftige Kunde nach Deutschland gekommen, und es war über wichtigeren Ereignissen jener stürmischen Zeit längst vergessen.

Die Ernennungsbulle[19]) für Raimund wurde in sehr allgemeinen Ausdrücken abgefasst, jener Beschluss des Cardinal-Collegiums über eventuelle Theilung des Geldes war übergangen, dafür findet sich dem Legaten das Recht zuerkannt, Vermittelungen und Bündnisse, überhaupt politische Massregeln, die zur Förderung des Türkenkrieges dienen könnten, vorzunehmen, zu welchem Zweck ihm eine umfassende geistliche Strafgewalt zu Gebote gestellt war. Man hoffte in Rom, in altgewohnter Weise aus den Verwickelungen des deutschen Staatslebens für sich einen Vortheil zu erlangen.

Die bisherigen Ereignisse mussten allerdings diese Hoffnung als wenig berechtigt erscheinen lassen. Wie Maximilian über alle Päpste, mit denen er je zu thun gehabt hat, dachte, darüber hat er weder die Zeitgenossen, noch die Nachwelt im Unklaren gelassen; für ihn war der Papst, „der König mit den drei Kronen",[20]) eben eine politische, bald freundliche, bald feindliche Macht, wie jede andre auch. Was gar von Alexander VI. zu halten sei, setzte er mit Entschiedenheit,

---

[17]) Auch später wurde er von Ludwig XII. in seinem französischen Uebereifer desavouirt. Burcard., Diar. a. a. 1498.

[18]) Cf. die Liste des Einkommens der Cardinäle bei Burcardus, Diarium a. a. 1502.

[19]) Bei Datt. d. p. p. p. 379—81.

[20]) Die Bezeichnung, die er im Weisskunig beständig anwendet.

wenn auch ohne besondere sittliche Entrüstung in denselben Tagen, als der Legat an ihn abgeschickt wurde, seinen österreichischen Landständen an öffentlicher Stelle auseinander. [¹¹]) Noch damals sprach er sich über das Jubiläum in der schärfsten Weise aus; er wollte von einem Anschlag wissen, nach dem mit diesem Gelde die Ungarn gekräftigt werden sollten, um die Kräfte Deutschlands von Frankreich abzuziehen und Caesar Borgia's Plänen freien Spielraum zu geben. Nicht günstiger war man ursprünglich auch auf der Seite der Reichsreform für die Curie gestimmt gewesen. Berthold's kirchliche Ideen und Pläne waren eine consequente Fortführung der politischen Unabhängigkeit und geregeltes Zusammenwirken der Mittelinstanzen, dort der Fürsten, hier der Bischöfe, diesen Grundsatz, für den seit den ältesten Zeiten der katholischen Kirche wenigstens immer neue Niederlagen zu verzeichnen gewesen waren, vertrat er mit mehr Energie als Glück, nach unten wie nach oben. Dem Volke suchte er durch die Censuredicte gegen die deutsche Literatur die Möglichkeit selbstständiger religiöser Bildung abzuschneiden. Ein vergebliches Ringen gegen den Strom. Andrerseits gedachte er die vielzersplitterten Mönchsorden durch eine straffere äussere Organisation wieder zu einem mächtigen Werkzeug umzugestalten; er musste finden, dass alle aufgedrungenen Einrichtungen an dem Starrsinn scheiterten, der auch nicht die kleinste Eigenthümlichkeit zu Gunsten eines Andern aufgeben will.[¹²]) So hielt sich Berthold gegen Untergebene.

Von dem Verhalten des „Primas von Germanien" gegen die ihm übergeordnete Curie wissen wir nur wenig. Als er noch nicht die geringste Aussicht auf den Mainzer Stuhl hatte, fand er schon einmal Gelegenheit, die Unabhängigkeit der deutschen Metropole gegen einen römischen Eingriff zu vertheidigen.[¹³]) Es fiel ihm die Aufgabe zu, die trotz ausdrücklichen Verbots vollzogene Wiederwahl Diether's von Isenburg vor dem Papste zu rehhtfertigen, so dass wir ihm

---

[¹¹]) Müller, Rtgsst. p. 92 f.
[¹²]) Ueber diese Bestrebungen spricht z. B. Trithemius in seinen Chroniken a. a. 1496 u. 1501 u. 4 sehr gereizt.
[¹³]) Gudenus, Cod. dipl. Mog. No. 195.

wohl einen Hauptantheil an dem im Mainzer Territorialinteresse gethanen Schritt zuschreiben dürfen. Als Bischof fasste er, einer nicht unwahrscheinlichen Angabe Hutten's zu Folge,[34] den Plan zu einem deutschen Nationalconcil; es möchte das wohl in denselben Jahren gewesen sein, in denen er an die politische Umgestaltung seines Vaterlandes ging. Nur durch die schärfsten Drohungen der Curie war er von seinem Plan abzubringen: er durfte nicht auch noch diese Macht gegen sein Hauptwerk in die Schranken laden.

Wichtiger waren die Schritte, die man auf dem Augsburger Reichstag that. Hier beschloss man von Reichswegen eine Gesandtschaft an den Papst zu schicken, mit einer eingehenden Instruction,[35] deren Hauptinhalt sogar in den Abschied aufgenommen wurde.[36] In der zweiten Hälfte derselben waren mit unumwundenen Worten die Missstände der kirchlichen Verwaltung, soweit diese durch die Eingriffe des römischen Hofes veranlasst waren, dargelegt, es war die gemessene Forderung, dass das Basler Concordat die Richtschnur des beiderseitigen Verhaltens sein müsse, hinzugefügt.

Aber es ist weniger Gewicht auf diese Forderungen, als auf den vorangehenden Theil gelegt. In diesem wird an den Papst die Bitte und das Begehren gerichtet, zur Durchführung der Reichshilfsordnung, die ja gegen die Türken gerichtet sei, einen Theil des vielen durch Annaten und Ablass nach Rom geflossenen Geldes, wodurch „Deutschland verarmt und erschöpft sei", herauszugeben. Was birgt sich nun unter dieser schroffen Form anders, als der Wunsch, zur Durchführung deutscher Angelegenheiten die Mithilfe des Papstes zu erlangen? Dass freiwillig die Curie auf ein solches Ansinnen nicht eingehen werde, war ja augenscheinlich; im Abschied fasste man daher eine Zurückweisung in's Auge; erfolge sie, so solle das Reichsregiment über Mittel, den Papst dennoch zu dieser Beisteuer zu bewegen, sich berathschlagen. Auf diese versteckte Drohung folgen dann unmittelbar

---

[34] Im Vadiskus, der überhaupt von grösster Vertrautheit mit der Mainzer Hofgeschichte zeugt.

[35] Bei Müller, Rgtst. p. 117—120.

[36] Augsb. Absch. § 38.

jene Concordatsforderungen, und man kann sich bei dieser
Verbindung kaum des Gedankens entschlagen, dies seien die
Schreckmittel, welche man dem Papste vorhalten wollte. So
wäre dann diese ganze Demonstration nur darauf berechnet
gewesen, sich die finanziellen Mittel, die einzige Stütze für
das unsichere Gebäude der Reichsverfassung, zu verschaffen,
wie etwa bald hernach Berthold die mailändische Belehnung
zu gleichem Zweck an Ludwig XII. zu verhandeln gedachte,
ein Geschäft, das nur an der Höhe der Forderung scheiterte. [27])
Immerhin wären solche Vermuthungen durch die Worte der
Instruction allein zu wenig gerechtfertigt, wahrscheinlich
werden sie erst durch die Ereignisse der nächsten Jahre.

Als nach Ausfertigung der Bulle der Legat Raimund
seine Reise angetreten hatte, war er vorerst nicht weiter als
bis Trient gelangt; hier sah er sich genöthigt, mehrere
Monate [28]) Halt zu machen, bis der König und das Reichsregiment über seine Zulassung schlüssig geworden wären.
Wie wenig geneigt die Führer ihm zur Zeit noch sein mochten,
von der Bereitwilligkeit des Volkes konnte er sich schon hier
überzeugen. Um nur die Allerersten zu sein, die von dem
Gnadenschatz ihren Theil erlangten, sandten die Hirsauer
Mönche dem Legaten Boten bis in seinen einstweiligen Auf-
enthaltsort entgegen. [29]) Inzwischen war in Folge des Friedens
mit Frankreich der Bruch zwischen Maximilian und dem
Regiment vollzogen und alsbald dem Publikum bekannt geworden. Einstweilen kehrte der König nach seinen Erblanden
zurück; dort traf er den Legaten. Seinen Anschauungen nach
war die Herbeischaffung der zu einem politischen Unternehmen
nöthigen Geldmittel durch eine volksmässige Ablasspredigt
etwas Natürliches, aber in der gegenwärtigen Lage Deutschland
zu Gunsten der Curie weitere Geldmittel zu entziehen, war
um so weniger nach seinem Sinn. Der Legat verstand sich

---

[27]) Es war dies einer der schwersten Vorwürfe, den Maximilian gegen
ihn erhob (zuerst vor dem schwäbischen Bunde, Klüpfel, p. 470, 24. Juni
1502). Denkschrift bei Spalatin a. a. O. p. Auch Ranke erkennt dessen
Berechtigung an.

[28]) Anshelm a. a. O. Trithemius a. a. 1501.

[29]) Trithemius Chron. Hirsaug. a. a. O. Basollius a. a. O. 1501.

ohne Zögern dazu, den ganzen Ertrag des Jubeljahres und
Ablasses Maximilian zuzugestehen, als Ersatz für die aufge-
wandte Mühe wurden ihm stillschweigend die Nebenein-
künfte zugewiesen; denn dass solche einem Legaten abzuschneiden ein Ding der Unmöglichkeit sei, wusste der König
recht gut.[30])

Mehrere Wochen verweilte Raimund noch in Maximilian's
Umgebung[31]), die Geschicklichkeit, mit der er das Jubiläum
einzurichten verstand, wird ihm des Königs Vertrauen noch
mehr erworben haben. Da es Maximilian nun nicht für gut
fand, mit dem in Nürnberg zusammengetretenen Regimentstage
in persönliche Beziehungen zu treten, so gab er dem Legaten
den bekannten Geschichtsschreiber Nauclerus zu weiteren
Unterhandlungen bei.

Die Stände erklärten zwar, nach der Zulassung in den
österreichischen Erblanden sei Raimund auch der Zutritt in
das übrige Reich nicht zu sperren gewesen[32]), das war aber
nur der Versuch einer Rechtfertigung für das Aufgeben der
früheren Grundsätze; in Wirklichkeit empfing man den
Legaten wie einen Retter aus der peinlichsten Verlegenheit,
klammerte man sich an seine Hilfe und Vermittelung als an
den letzten Halt für die alten hochfliegenden Pläne.

Schon als seine Ankunft bekannt wurde, bereitete man
alles auf's Festlichste zum Empfang in Nürnberg vor.[33]) Der
Bischof von Bamberg, der Diöcesan des Ortes, kam zu diesem
Tage persönlich; noch höher musste es gelten, dass Berthold
an der Spitze der Reichsstände Raimund feierlich einholte. Die
jetzt folgenden Festlichkeiten trugen natürlich einen kirchlichen

---

[30]) M. Manifest, 12. Nov. 1503. Datt. p. 221 f.

[31]) Nach Trithemius a. a. 1501 in Innsbruck.

[32]) Wie zur Rechtfertigung ihrer Handlungsweise haben die Stände,
was sonst nie der Fall, in den Abschied selbst eine Darstellung des Ganges
der Verhandlungen aufgenommen, bei Datt. p. 222—230 u. Müller, Rgtst.
p. 201—226. Wo nichts anderes bemerkt ist, beruht die folgende Darstellung auf dieser Quelle.

[33]) Hegel, St. Chron. Nnbg. IV. Deichsler's Chron. a. a. 1501. Den
ehrsamen Nürnberger Armenvorsteher interessiren natürlich diese Dinge
ganz allein am Reichsregiment und er giebt hier vortreffliche ausführliche
Schilderungen.

Charakter, und Raimund selbst liess es sich angelegen sein,
ein Musterstück von der Art und Weise seiner Jubiläums-
predigt wie zur Probe zu geben. Aus den Verhandlungen
selbst mag nur Einiges hervorgehoben werden. Zunächst,
wie ängstlich man bestrebt war, den Schein eines freiwilligen
Handelns, eines Gewährens festzuhalten. Ehe irgend etwas
eingegangen wurde, musste Raimund zusagen, sich in der
Ausübung seiner Gewalt allein nach den Beschlüssen der Versammlung zu richten. Dazu passte denn aber übel, dass er
seine Ansprüche nur auf die Beschlüsse des Cardinalcollegiums
stützen und hierfür Anerkennung finden konnte, dass er „mit
unziemlicher Listigkeit" die Verabredung mit dem Könige völlig
verschwieg.[34]) Man gab also einen Theil des einkommenden
Geldes preis, scheute sich aber dies offen einzugestehen.
Man stellte an die Spitze des Vertrages den Grundsatz, dass
das gesammte Geld in weltlichen Händen bleiben solle, und
erst weit entfernt von dieser Stelle fügte man die Bestimmung
hinzu, dass zur Aufrechterhaltung des Staates des Cardinals
und zur Deckung der Kosten der Publication ein Drittel
abgetreten werde. Wenigstens das Ablassgeld des Jubiläums
selbst wollte man möglichst lange in der Hand behalten; es
sollte bis zur endgültigen Theilung in grossen Hauptkassen
niedergelegt werden. Hingegen die Beicht- und Dispens-
gelder — frühere Erfahrungen zeigten, dass diese oft beträcht-
licher waren[35]) — wurden sofort getheilt; doch durften für den
Fall, dass das auf den Legaten hiervon entfallende Drittel für
die täglichen Ausgaben nicht lange, die weltlichen Commissare
ihm auf das später zu theilende Jubiläumsgeld einen Vorschuss
geben. Es war vorauszusehen, dass bei einem mit allen Vollmachten ausgestatteten Ablass mannigfache Collisionen mit der
gewöhnlichen Verwaltungsthätigkeit, ja selbst mit der Rechtspflege nicht zu vermeiden seien.[36]) Allein man begnügte sich

---

[34]) Auch Nauclerus, dem M. wohl nur unvollkommene Instructionen
gegeben, erinnerte nicht daran.

[35]) So bei dem auch von Raimund gepredigten Ablass 1489, cf. Linturius a. a. 1489, und die ausführliche Schilderung in der von Hegel
sogenannten Fortsetzung der Tucher'schen Jahrbücher. St. Chron.
Nürnb. IV. a. a. 1489.

[36]) Ersteres z. B. durch den Anspruch der Klostervisitation, wobei
es zu Unzuträglichkeiten kam. Anshelm III. p. 148 ff. Letzteres z. B.

hierfür mit einer allgemeinen Zusicherung, dass Raimund sich in
den Ablassbriefen nach den Landesgewohnheiten richten werde.
Wie wenig durfte man auf eine solche Zusicherung bauen; wie
viel weniger aber noch auf das Versprechen des Legaten,
dass er auf alle Nebeneinnahmen, die ihm aus der Anwendung
seiner Befugnisse erwachsen könnten, von vornherein ver-
zichte! Man forderte diese Zusage erst, als unter den Augen
des Reichsregiments selbst Raimund diese Erwerbsquelle
ganz ungescheut auszubeuten begann[37]), was er natürlich in
der Folgezeit weiter that.[38]) Im Uebrigen suchte man aber
allerdings durch die Einrichtung einer vielfach controlirten
Verwaltung für die Erfüllung des Vertrages sich Garantien
zu verschaffen. Es gab hier natürlich auf Seiten der Curie
eine althergebrachte, geschäftliche Routine, die in ihren
Grundzügen von Innocenz III. herstammte.[39]) Immer kehren
in den Bullen Bestimmungen über die Sammlung des Ablasses,
über die Opferstöcke, die Vertheilung der zu ihnen gehörigen
Schlüssel, über die Abziehung der Kosten wieder; diesmal erscheint die Verwaltung noch besonders complicirt: das Reichsregiment und seine Abgeordneten, der König, der Legat
und seine Beamten, die Bischöfe, Aebte und Pfarrer, endlich
die Bürgermeister und Räthe der grösseren Städte, allen
fällt ihr Antheil zu, alle sollen sich gegenseitig die Hände
binden. Die meisten Befugnisse, wie auch die oberste Controle behielt das Regiment für sich. Diese neuen Aufgaben,
diese Machtfülle und diese Verantwortung sollten zugleich
als Kitt dienen, um das wankende Gebäude zu festigen:
das wird wohl Berthold's Meinung gewesen sein.

Und nicht der Ablass allein war hierzu ausersehen, die
Hilfe des Legaten, den man in Zeiten grösseren Selbstver-
trauens auszuschliessen gedachte, nahm man jetzt in allen
Richtungen in Anspruch. Es war eine der an Raimund gestellten Bedingungen, dass er den Satzungen des Wormser

in einem celutanten Falle bei dem geächteten Grafen Leiningen, dessen
Indulgenzbrief bei Remling, Uk. v. Speier II. No. 236.

[37]) Nubgr. Abschied, cap. 13, § 4 u. 5.

[38]) Die vielfachen Weihungen, Bestätigungen, Verleihung von Trage-
altären sind gewiss nicht unentgeltlich erfolgt. In Bern wurde der Neben-
handel der Subcommissare zum öffentlichen Skandal. Anshelm III. p. 150.

[39]) Seit dem Ablass v. 1212.

Landfriedens religiöse Weihe und kirchliche Garantien gäbe, deren dieselben doch bisher 6 Jahre lang nicht bedurft hatten.[40] Die Form, in welcher diese Bekräftigung erfolgte, ist charakteristisch für die, welchen sie ausgestellt wurde. Die Kräfte des Reichs, das ist etwa der Kern des salbungsvollen Actenstückes, genügten zwar allein, um den Frieden aufrecht zu erhalten, aber da es überhaupt Aufgabe der Kirche sei, Frieden auf Erden zu stiften, so gebe sie auch zu dem bereits vollbrachten Werke ihren Segen.[41] Wir sahen früher, welchen Werth man in dieser Zeit des Zerfalls aller Ordnung auf eine religiöse Agitation zu Gunsten des Landfriedens legte, wie Berthold auch hier voranging.[42]

Raimund hat auch hier seine feine Fühlung bewährt, in einem Erlass an den schwäbischen Bund. Die Festsetzung besonderer Busstage, die Bestimmung, dass jeder Bauer beim Abendläuten die Kniee beugen und ein Gebet für den Landfrieden sprechen solle, die Gewährung eines bestimmten Ablasses für die Befolger jener Anordnung, alles zeigt wiederum die Züge der die unteren Volksschichten organisirenden Agitation, wie sie in jenen Jahren von allen Seiten im Wetteifer betrieben wurde.[43]

Noch eine weitere Friedensstiftung liess sich der Legat vom Regimentstage übertragen, wie wenig auch grade er zu derselben geeignet sein mochte: die Vermittelung mit dem König. War bisher die Sorge für die Durchführung der Reichsmilizordnung noch der letzte Vereinigungspunkt gewesen, so fiel dies jetzt weg. Der Abschied des Nürnberger Tages sprach es unverblümt aus, dass dieselbe an der Schlaffheit der Betheiligten bisher gescheitert sei, und trotz einer nochmaligen matten Ermahnung sah man jetzt offenbar den Jubelablass als Ersatz an. Da war es nur folgerichtig gehandelt, dass man dem Legaten in officieller Weise die Vermittelung mit dem König auch in anderen Reichsangelegenheiten übertrug.[44]

[40] Nnbgr. Abschied, Vertrag § 15 u. 16.
[41] Bei Müller, Rgtst. p. 217 ff. Datt. p. 228.
[42] Cf. p. 51.
[43] Bei Datt. d. p. p. 378—381. Die einzelnen Bestimmungen mussten sich natürlich althergebrachten Gebräuchen anschliessen.
[44] Nnbgr. Absch. cap. 11.

Das war das Ende der Reichsreformen! Ein Ablass erschien als der Gegenstand, der allein die Parteien noch einigen, ein Legat des Papstes als der einzige Mann, der diese Einigung vermitteln könnte. Freilich täuschte man sich auch hier oder wurde von dem Cardinal getäuscht; denn grade gegen ihn musste Maximilian, den er hintergangen hatte, besonders erbittert sein.

Jetzt erst gab der König seiner Ungnade gegen Berthold den offensten Ausdruck, ignorirte er die gesammten Resultate der gesetzgeberischen Epoche seit 1495, aber dem Legaten legte er einstweilen keine Hindernisse in den Weg; freilich scheint derselbe fortan auch das österreichische Gebiet gemieden zu haben.[45]) Nur in seinen Angriffen gegen Alexander VI. glaubte Max keine Schranke mehr einhalten zu dürfen[46]), im Uebrigen hat er sogar durch die Beförderung der herrschenden Wunderepidemie Raimund in die Hände gearbeitet. Er verhielt sich auch dem Legaten gegenüber abwartend.

Inzwischen hatte dieser alle jene Betriebsamkeit entfaltet, die ihn als den geeigneten Mann für seinen Auftrag hatte erscheinen lassen. Seinem geschickten Auftreten ist es zuzuschreiben, dass trotz der materiellen Noth jener Jahre von keiner Seite ein Widerspruch gegen den Ablass, ein Zweifel an seiner Nothwendigkeit erhoben wurde.

Spätere Legaten sind ihm bekanntlich hierin nicht nachgefolgt; ihr Hochmuth, ihre zur Schau getragene Verachtung der Deutschen wurden ein Hauptanlass der Erbitterung[47]), während Raimund's Leutseligkeit und Demuth überall gerühmt wurden. Wie er sich mit den Fürsten zu stellen wusste, werden wir weiterhin sehen, wie er die Gelehrten durch persönliches Wohlwollen an sich zu fesseln verstand, fand schon früher Erwähnung.

Sodann beehrte er einflussreiche Klöster, wie Hirsau, mit seinem Besuch[48]), erschien auf Ordenskapiteln und schmeichelte den Brüdern, indem er den Werth ihrer erwünschten Mithilfe in feurigen Reden betonte. Reichlich verlieh er ausser dem gewöhnlichen Ablass noch besondere geistliche Begünstigungen, wie das Recht tragbarer

---

[45]) Nach den Niederlanden ist er daher auch nicht gekommen.
[46]) So in seiner Rede, 24. Juni 1502, bei Klüpfel.
[47]) Hutten's Inspicientes der classische Ausdruck derselben!
[48]) Trithemius. Chr. Hirsaug. a. a. 1502.

Altäre und die Befreiung von etwaigen Interdicten.[49]) Mit-
unter konnten ihm diese Gefälligkeiten als Mittel, die Aufmerksamkeit des Volkes zu fesseln, dienen: so die vielfachen
Weihungen von Kirchen und Capellen.[50]) Auch hier traf es
sich sehr günstig, dass er mit dem deutschen Volke die in
jener Zeit fast zur Modesache gewordene Verehrung der
heiligen Anna theilte.[51]) So war er auch gern bereit, die
Wunder neuer Ortsheiliger, natürlich mit günstigem Erfolg,
zu prüfen und deren Verehrung schon vor der Canonisation
zu empfehlen.[52]) Man kann nicht behaupten, dass er zur
Bearbeitung des Volkes irgend neue Mittel angewandt habe,
er verwendete nur die bereits üblichen mit Virtuosität und
verstand es, den gesammten Wallfartseifer zu organisiren.
Darauf beschränkten sich auch die den Ablass selbst betreffenden Veranstaltungen. Die Formen dieser localen
Jubiläen standen längst fest und waren dem Volke völlig vertraut.[53]) Der Grundgedanke gehörte wiederum der kirchlichen Symbolik an, denn dem Wallfartsort, welcher stets eine
grössere Stadt war, wurden zeitweilig die Heiligkeit und damit
auch die Einrichtungen Roms zugewiesen. Demnach nannte
man stets 7 Kirchen nach den Namen der römischen Pfarr-
kirchen und stellte ihren Besuch als das erste Erfordernis
zur Erlangung des Ablasses hin, eine Menge anderweitiger
Kleinigkeiten musste dazu dienen, um jener Fiction auch ein
äusseres Ansehen zu geben.. In den Kirchen selbst wurde,

[49]) Eine solche Urkunde Dipl. Oldesleb. ed. Menken. No. 182. Einzel-
nachrichten bei Trith., Chr. Sponh. a. a. 1502. Basellius a. a. 1502.
[50]) Trithemius, Chr. Hirsaug. a. a. 1502. Spalatin, Zeitgeschichte
a. a. 1502.
[51]) Trithemius a. a. O. Auch hier stimmte er überein mit Berthold,
an den die Widmung von Wympheling's Epos de triplici candore Marine
gerichtet ist.
[52]) Trithemius a. a. O. Basellius a. a. O. Anshelm, III. p. 250 ff.,
sieht in diesen Canonisationen Raim. einen Hauptanlass des erneuten
Aufschwunges der Heiligenverehrung.
[53]) Jubiläum von 1489 bei Linturius u. in den Tucher'schen Jahr-
büchern 1480 eine besonders ausführliche aus Freiburg bei Mone, Bad.
Quellen B. III, Freiburg. Rathsurk. 1480, endlich eine sehr belebte von
1512 bei Vignculles. Alle tragen aber dieselben Züge. Für 1501 bietet nur
die Schilderung Deichsler's Aehnliches.

oft mit Aufbietung aller verfügbaren geistlichen Kräfte, Beichte gehört. So war es auch 1501 schon in dem Vertrag zu Nürnberg festgesetzt worden; das übrige einzurichten, war dem Cardinal, wie er es für gut befände, überlassen.[54])

Er liess zu gleicher Zeit in einem ganzen Landstrich das Jubiläum ausschreiben und mehrere Orte als Wallfartsstätten bezeichnen[55]), nach diesen sandte er seine Commissare, welche mit den Domherren und Räthen die Verwaltungsbehörden bildeten[56]), während von den in Aussicht gestellten Verordneten des Reichsregiments nichts verlautet.[57])

Die Dauer des Jubiläums war nicht bestimmt, man richtete sich offenbar nach den Chancen der Einträglichkeit, und es finden sich Unterschiede wie der von Regensburg, wo man ein halbes Jahr[58]), und von Bern, wo man eine Woche[59]) Jubiläum feierte.

Von den anderweitigen Veranstaltungen ist nur die starke Benutzung des Drucks zu bemerken[60]), in ihm erkannte Raimund wie Maximilian das wichtigste Mittel volksmässiger Agitation; in welcher Weise dieselbe erfolgte, zeigen die gedruckten Ablasszettel, die sich durch ihre pomphafte Redefülle vor anderen auszeichnen.[61])

Der Cardinal selbst nahm gewöhnlich seinen Sitz in einer Metropole, von wo er das Ganze übersehen und leiten konnte.

Anmerk. Die Reiseroute Raimund's lässt sich nur sehr unvollständig angeben. Vom 15. August (Deichsler a. a. 1501) bis 11. September (Nürnberger Abschied) ist er in Nürnberg, von da geht er nach Köln (Trithemius, Chr Hirsaug.). Nach der nicht sehr sicheren Nachricht des Chron. Sleswic. bereist er sodann „die Küsten der nördlichen Meere", während er doch nach Schleswig nach besseren Nachrichten erst 1503 kommt. Ende des

[54]) Vertrag § 1—6, § 9—12.
[55]) So sehen wir Gleichzeitigkeit in Mainz. Trithem., Ann. Sponh. a. 1502. Frankfurt, Janssen No. 827. Speier, Remling, Urkk. II. No. 235—37.
[56]) Remling, No. 237.
[57]) Es müsste denn der von Berthold als Erzbischof ernannte Commissar, Dr. Alich v. Spreth, diese Functionen ausgeübt haben. Seine Bestallung bei Gudenus IV. No. 257.
[58]) Farrago histor. Ratisp. a. a. 1502, bei Oefele SS. II.
[59]) Anshelm, B. Chr. III. p. 146 ff.
[60]) Cf. die Kostenberechnung des Speierer Ablasses b. Remling, No. 239.
[61]) Ein solcher bei Remling. No. 235.

So hielt er sich nacheinander in Nürnberg, Köln, Mainz, Erfurt, Leipzig, Lübeck auf. Nur bei besonders feierlichen Gelegenheiten trat er selbst vor das Volk und celebrirte die Messe, nachdem vorher sein Weihbischof gepredigt hatte. Erinnerungen an solche Tage haben sich aber auch bis heut erhalten [61], im täglichen Leben hingegen wusste er sich mit Leichtigkeit den Volksgewohnheiten anzupassen, Scherzworte, die von ihm herrühren sollten, wurden populär und blieben es lange Zeit.[62]

Mehr jedoch als alle einzelnen Veranstaltungen, als alles persönliche Auftreten hat doch die richtige Erfassung des geeigneten Zeitpunktes zu dem glücklichen Erfolge Raimund's mitgewirkt. In dem Jubiläumsablass findet die religiöse Erregung der Jahre ihr Hauptventil und zugleich jene politische Verwerthung, die sie 1474 nicht gefunden hatte.

Valerius Anshelm, der Mann, der an scharfsichtiger Beobachtung unter den Geschichtsschreibern jener Zeit nicht seines Gleichen hat, versichert ausdrücklich, dass die Kreuzwunder „die trefflichste Förderung des römischen Ablassmarktes" gewesen seien, und wir werden ihm wohl nicht so unrecht geben dürfen, wenn er das Jubiläumsgeld für das einzige reelle Resultat der religiösen Erregung erklärt.[64]

Es ist bedeutsam, dass der Ablass seine Zugkraft da verlor, wo jene Bewegung nicht schon vorhanden war. So kehrte

---

Winters ist er am Oberrhein, 2. März in Speier (Remling II. No. 235), nimmt von Ostern, 6. April, ab sein Quartier in Mainz (Trithemius, Chr. Hirsaug., Chr. Sponh., Lange, Chron. Citzense), befindet sich zeitweise, 14. Mai 1502, in Frankfurt (Janssen No. 287), 26. Mai in Hirsau (Trithemius, Chron. Hirsaug.), geht von hier nach Erfurt und bleibt dort „sehr lange" (Chron. Citzense), noch am 6. November 1502 befindet er sich dort (Diplomata Oldesleb. ed. Menken), geht aber noch im Jahre 1502 zu Friedrich von Sachsen nach Lochau und Wittenberg (Spalatin, Zeitgeschichte a. a. 1502). 1503 geht er zuerst nach Leipzig, dann nach Lübeck, von da nach Dänemark (Chron. Citzense a. a. 1503). Am 28. October kommt er nach Frankfurt zum Kurfürstenconvent, bleibt hier einige Zeit, reist über Speier und Strassburg nach Basel (Trithemius), wo er schon Anfang December ist (Klüpfel, 11. December 1503), reist im Mai oder Juni 1504 über den Gotthardt. Anshelm III. 259.

[61] So in Nürnberg das Podium, auf dem R. die Messe celebrirte. Anmerk. Hegel's zu Deichsler a. a. O.

[62] Chron. Sleswic. a. a. 1501.

[64] Anshelm III. p. 150 f.

der nach Norwegen entsandte Subdelegat mit leeren Händen zurück[65]), aber auch in der Schweiz entschloss sich nur Bern aus politischen Gründen den Legaten zuzulassen, und man begnügte sich hier mit einem Jubiläum von einer Woche.[66]) Andrerseits hat die religiöse Agitation Raimund's sich auch rückwirkend geäussert in der Erhöhung und Verbreitung eben jenes religiösen Taumels, dem sie ihre Erfolge dankte. Es war wohl kaum zufällig, dass die Ablasspredigt mit jener Erneuerung der Kreuzwunder, die fast stärker war als die erste Epidemie, zusammentraf.

Selbst wenig scharfsichtigen Beobachtern fiel diese Gleichzeitigkeit auf[67]); und wo das Volk nach dem ersten religiösen Rausch im vergangenen Jahre sich Anfangs matter und gleichgültiger zeigte, da bedurfte es nur dieser Anregung, um von Neuem den Enthusiasmus zu erwecken.[68]) Wie stark derselbe gewesen, darüber würden die Geldsummen, welche in diesen Nothjahren dieses Volk, das seine Reichssteuer nicht bezahlen wollte, aufbrachte, gute Auskunft geben; jedenfalls bessere, als wir sie durch die allgemeinen Versicherungen der Schriftsteller erhalten. Wenigstens eine hierauf bezügliche Urkunde ist erhalten[69]): die Zählung des in Speier gesammelten Geldes. In dem Nürnberger Vertrage hatte man die alte Norm festgehalten und die Ablassquote gleich dem Verbrauch einer Woche bemessen, das Volk aber hielt sich wohl kaum streng hieran, denn man fand in den Kästen ausser kleinen Schmuckgegenständen 826 fl. rh. in Gold, 602 fl. in Silbermünzen nach Reingewicht; dagegen waren an grosser Scheidemünze 11 Pfd. vorhanden und an einzelnen Pfennigen 108 Pfd. Dazu kommen aber noch die gewiss nicht geringfügigeren Beichtgelder, die gleich Anfangs getheilt wurden.

Fast alle diese Früchte sollte nun der Cardinal durch die politischen Verhältnisse verlieren, die er selbst herbeizuführen geholfen hatte. In der ganzen Zeit hatte er mit Kurfürst

---

[65]) Trithemius, Chr. Hirsaug. a. a. 1502.

[66]) Anshelm III. p. 146 ff.

[67]) Lange, Chr. Citzense a. a. 1503.

[68]) Nicht selten bedurfte es ihrer aber auch', Trithemius a. a. 1502 in beiden Chroniken.

[69]) Remling, No. 239.

Berthold in nahem Verhältnis gestanden Mainz war für den Süden, Erfurt für die Mitte Deutschlands sein Standquartier gewesen; die beiden verkehrten amtlich mit einander, als ob das Reichsregiment, mit dem Raimund seinen Vertrag geschlossen, noch bestände [70]), und da thatsächlich die Kurfürstentage an dessen Stelle getreten waren, fühlte sich der Legat nur diesen, nicht dem Könige verpflichtet.[71]) So erschien er Ende October 1503 auf dem Tage zu Frankfurt, um dort seine Legation zu enden, die Erfüllung des Vertrages zu verlangen.[72]) Offenbar haben sich aber hierzu die Kurfürsten selbst nicht für befugt gehalten, jedenfalls konnte der Cardinal, als er sich an die einzelnen Stadtobrigkeiten wegen der Auszahlung des ihm gebührenden Drittels wandte [73]), sich auf nichts auderes als auf den ursprünglichen Vertrag berufen. Er versprach den ihm Gehorsamen, sie gegen König und Fürsten wegen der Ablieferung des Geldes zu schützen; er schleuderte gegen jeden Verletzer der Ordnung, gegen Jeden, der ohne Erlaubnis eines Reichstages und eines päpstlichen Abgesandten die anderen zwei Drittel angriffe, im Voraus den Bannfluch; er suchte durch Spenden von seinem Antheil die Gemüther sich günstig zu stimmen, aber doch entschlossen sich nur wenige, seinem Ansinnen nachzugeben. Die Mehrzahl der Fürsten wie der Städte behielten bis auf Weiteres das Geld zurück [74]), sie wagten es, dem mächtigen Cardinal zu trotzen! Die Furcht vor dem Kaiser paralysirte die vor dem Papst, denn die so thaten, waren weit entfernt von dem fröhlichen Gefühl, dem Anshelm Ausdruck giebt, „dass Gewinn aus deutschem Schweiss gedrückt zu deutschen Bluts Verehrung dienen musste."[75])

Schon auf dem Frankfurter Tage hatte Maximilian seine Gesandten gehabt [76]), vielleicht hat das mitgewirkt dazu, dass

---

[70]) Gudenus, Cod. dipl. Mog. No. 257.
[71]) Auf der in Gelnhausen festgestellten Tagesordnung findet sich No. 3 das Ablassgeld, Müller Rgtst. p. 260. Max ignorirt in allen seinen Schreiben um Türkenhilfe Raimund, bis er seinen Schlag führte.
[72]) Trithemius, Chr. Hirsaug. a. a. 1503. (Auch T. war zugegen.)
[73]) Remling, No. 239.
[74]) Anshelm III. p. 259 ff.
[75]) Anshelm p. 260.
[76]) Cf. die sehr lückenhaften Acten. Müller p. 355—68.

Raimund ohne bestimmte Antwort entlassen wurde. Bald
darauf stellte Max an den schwäbischen Bund unter Berufung
auf die ursprüngliche Verabredung die gemessene Forderung,
ihm das Jubelgeld auszuliefern[77]); als Sold des Georgsordens
glaubte er diesem die richtige und ursprünglich beabsichtigte
Verwendung zu geben.

Kurfürst Berthold war selbst in Ulm erschienen. Der
König hat es sich später hoch angerechnet[78]), dass er
trotz alles Vorhergegangenen dem zu Grabe wankenden
Manne höflich begegnet sei; er konnte seinen Triumph über
den grössten Gegner, den er je gehabt, damit nur um so
augenscheinlicher machen. Nach kurzen Verhandlungen beschloss der gesammte Bund gegen Berthold's einzige Stimme,
dem Könige das Geld zu überlassen, wenn er die Verantwortung tragen wolle.[79]) Wie sicher, wie entschlossen Maximilian nach diesem ersten Erfolge auftrat, zeigt das Manifest,
das er nun erliess. Schonungslos enthüllt er hier die Intriguen und Winkelzüge des Legaten, die Schwäche des
Reichsregiments demselben gegenüber, und mit gemessenen
Worten verlangt er die Auslieferung des Geldes. An alle
Reichsstände, an alle Unterthanen, selbst an die Schweizer
wandte er sich mit seinem Begehren; viele fügten sich ihm,
viele behielten aber auch das Geld für sich.[80])

Vergebens sandte Raimund, der sich jetzt nur noch in
der Schweiz sicher glaubte, von Basel aus, wo er seine
Factoren zusammenrief, erst Drohbriefe, dann Flugschriften,
endlich Bannflüche gegen den König und die Räthe der Städte;
vergebens versuchte er noch zuletzt die Schweizer gegen
Maximilian, der schlimmer sei als der Türke, aufzuhetzen.[81])

Jetzt, wo die religiöse Aufregung ihren Ablauf gefunden,
wo die Augen Aller auf die politischen Ereignisse, auf das
ungeahnt rasch steigende Siegesgestirn des Königs gerichtet
waren, machte er damit keinen Eindruck. Auch Julius II.
fand es nicht für gerathen, die Sache weiter zu verfolgen,

---

[77]) Klüpfel, s. 6. Dec. 1503.
[78]) Cf. die Aufzeichnung bei Ranke, D. G. VI. p. 35.
[79]) Klüpfel, 12. Dec. 1503. Datt. p. 643, § 37 u. 38, Briefe des Ess-
linger Raths.
[80]) Anshelm p. 262. Datt. p. 223 ff.
[81]) Anshelm a. a. O. Datt. p. 643.

wiewohl er er seinen alten Bundesgenossen Raimund stattlich belohnte.[81]) Das Geld aber hat wohl Maximilian, mochte er auch zunächst von Eifer zum Türkenkriege erfüllt sein, dazu dienen müssen, jene Siege zu erkämpfen, auf die er fortan seine Macht fester als bisher zu bauen gedachte.

Wichtiger jedoch als diese politischen Ereignisse wird die Thatsache bleiben, dass noch so kurze Zeit vor der Reformation dem deutschen Volke eine religiöse Erregung und eine religiöse Agitation, wie die hier geschilderten, ein Bedürfnis sein konnten.

Ein zufälliges Zusammentreffen lässt diesen Unterschied ermessen: unter dem Schutze Friedrich's des Weisen von Sachsen hat Raimund jene Kirche in Wittenberg geweiht[82]), an deren Thüren 15 Jahre später Luther seine Thesen anschlug.

[81]) Trithemius, Chr. Sponh. a. a. 1504.
[82]) Spalatin, Zeitgesch. a. a. 1502.